KB017108

Learned Hopefulness

LEARNED HOPEFULNESS: The Power of Positivity to Overcome Depression

Copyright ⓒ 2020 by Dan Tomasulo
All rights reserved.
Korean translation rights arranged with New Harbinger Publications, Inc., U.S.A
through Danny Hong Agency, Seoul.
Korean translation copyright ⓒ 2020 by Million Publisher

이 책의 한국어판 저작권은 대니홍 에이전시를 통한 저작권사와의 독점 계약으로 밀리언서재에 있습니다.
신저작권법에 의해 한국 내에서 보호를 받는 저작물이므로 무단전재와 복제를 금합니다.

조금 멀리서

마음의 안부를 묻다

울퉁불퉁한 삶의 길목에서
희망을 배우다

댄 **토마술로** 지음

이현숙 옮김

Learned Hopefulness

꿰 밀리언서재

이 책에 쏟아진 찬사

"이 책은 우리 마음속에 잠자고 있는 희망을 깨워서 우울한 기분을 풀어주는 최고의 길잡이다."

– 마틴 셀리그만(Martin Seligman), 긍정심리학 창시자, 펜실베이니아 대학교 심리학과 교수, 긍정심리학센터 책임자, 베스트셀러 《마틴 셀리그만의 긍정심리학》 저자

"잘산다는 것은 의미와 목적, 더불어 더 높은 소명의식에서 비롯된다. 절망의 순간은 마음이 더욱 단단해질 수 있는 기회가 되기도 한다. 이 책에서는 가치 있는 목표를 생각하고, 상상하며, 실현하는 데 필요한 통찰력, 경험, 감정에 대한 깊은 이해를 보여준다. 이것은 삶의 충만, 기쁨, 평화, 그리고 인식을 확장하기 위한 완벽한 레시피다."

– 디팩 초프라(Deepak Chopra), 하버드 의과대학 의학박사, 타임 선정 '지난 백 년간 가장 영향력 있는 인물 100', 허핑턴포스트 선정 '가장 영향력 있는 사상가 의학 부문' 1위, 《메타휴먼》 저자

"길을 잃었는가? 그렇다면 손을 내밀어라. 댄이 당신의 손을 잡아줄 것이다. 그는 여기에 희망의 계단을 만들어놓았다. 댄보다 더 현명하고 사려 깊은 친구는 없을 것이다."

– 앤절라 더크워스(Angela Duckworth), 펜실베이니아 대학교 심리학과 교수, 뉴욕타임스 베스트셀러 《그릿》 저자

"댄 토마술로보다 더 친절하고 사려 깊은 심리학자는 없을 것이다. 이 책은 과학적인 근거에 바탕을 둔 따뜻하고 희망이 가득한 시간을 당신에게 선사할 것이다."

– 애덤 그랜트(Adam Grant), 펜실베이니아 대학교 와튼스쿨 교수, 뉴욕타임스 베스트셀러 《Give and Take(기브앤테이크)》, 《오리지널스》 저자

"이 책은 힘든 일을 겪고 있는 우리 모두를 위해 쓰여졌다. 불안하고 지친 시대에 이 책 자체가 희망을 준다."

– 탈 벤 샤하르(Tal Ben-Shahar), 뉴욕타임스 베스트셀러 《(하버드대 행복학 강의) 해피어》 저자

"이 책을 읽는 것은 우울한 기분을 덜어주고 건강한 삶으로 나아가게 해주는 치료 전문가를 곁에 두는 것과 같다."

– 마거릿 그린버그(Margaret H. Greenberg), 긍정심리학자, 《최고들은 왜 심플하게 일하는가》 저자

"댄 토마술로는 신뢰를 불어넣어 마음의 안정을 주고, 복잡한 생각들을 단순하게 만드는 데 남다른 능력을 가지고 있다."

– 조지 베일런트(George Vaillant), 하버드 의과대학 정신과 교수, 《행복의 비밀》 저자

"희망을 찾는 것은 가장 우울한 시기를 빠져나오는 가장 중요한 방법이다. 이 책에서는 희망을 찾는 귀중한 로드맵을 알려준다."

– 킴 산버그(Kim Scharnberg), 작곡가, 뮤지컬 〈지킬앤하이드〉 오케스트레이션

"댄 토마술로는 오늘날 긍정심리학 분야에서 가장 뛰어난 사람이다. 이 책은 앞으로의 인생에서 당신을 더 적극적이고 열정적이며 목적이 있는 삶으로 이끌어줄 것이다. 어디서부터 시작하든, 어디로 가고자 하든 상관없다. 풍요로운 삶을 곧바로 실행할 수 있는 제안을 한다. 당신의 지성과 마음을 확 끌어당길 것이다."

– 캐롤라인 A. 밀러(Caroline A. Miller), 뉴욕대학교 긍정심리학과 교수, 《끝까지 해내는 기술》 저자

"우리에게 가장 중요한 능력, 희망을 채우는 따뜻한 행복을 선사하는 책이다. 토마술로는 삶에서 어떻게 희망을 만들어갈 수 있는지 알려준다. 명쾌한 문장과 설득력 있는 사례로 희망이 어떻게 우울한 기분을 극복하고 풍요로운 삶을 이끄는지 보여준다."

– 에밀리 에스파니 스미스(Emily Esfahani Smith), 《의미의 힘(The Power of Meaning)》 저자

"희망은 우리 마음속에 있는 가장 위대한 힘이다. 희망은 최고의 순간에도, 혹은 최악의 순간에도 힘을 발휘할 수 있다. 댄 토마술로는 희망 선생님이다. 그는 삶에서 희망이 어떻게 생겨나는지 구체적으로 보여준다. 크든 작든 희망이 솟구쳐 올라 일상의 행복을 맛볼 수 있을 것이다."

– 라이언 니믹(Ryan M. Niemiec), 심리학자, VIA 성격 연구소(VIA Institute on Character) 책임자

"토마술로는 긍정심리학의 선구자로서 희망을 찾는 혁신적인 방법을 알려준다."

– 리사 밀러(Lisa Miller), 컬럼비아 대학교 교육대학원 교수, 뉴욕타임스 베스트셀러 《영적 아이(The Spiritual Child)》 저자

"'그 후로도 오랫동안 행복하게 살았습니다'와 같은 말은 동화 속에나 나오는 이야기인지도 모른다. 하지만 이 책은 일상에서 지속적으로 행복을 느낄 수 있는 방법을 알려준다."

– 수지 필레기 파웰스키(Suzie Pileggi Pawelski)/제임스 파웰스키(James O. Pawelski), 긍정심리학자, 《다 함께 행복하기(Happy Together)》 공동 저자

"희망은 영혼 위에 살포시 걸터앉은 한 마리 새.
가사 없는 노래를 부르며 그 곡조는 그칠 줄 모르네."
- 에밀리 디킨슨(Emily Dickinson)

"신생아는 모든 것의 시작과 같다.
그것은 바로 경이로움과 희망, 모든 가능성에 대한 꿈이다."
- 에다 르샨(Eda LeShan)

나의 손자 캘러핸 토머스 페트로에게
이 책을 바친다.

차 례

벽을 낮추면 비로소
아름다운 풍경이 보인다

1950년대 말 미국의 교육심리학자 엘리스 폴 토런스Ellis Paul Tor-rance는 미니애폴리스에 있는 초등학교 두 곳에서 실험을 진행했다. 그는 창의적 성취를 자극하는 것이 무엇인지 알아내기 위해 아이들에게 얼핏 봐서는 별다른 의도가 없어 보이는 질문을 던졌다. "여러분은 무엇을 사랑하나요?" 그 후 20년간 토런스는 실험에 참여했던 아이들을 추적하면서 창의성을 예측할 수 있는 것이 무엇인지 알아보았다.

그 결과 아이들이 미래의 자기 모습을 얼마나 또렷하게 떠올리는지, 즉 이루고자 하는 미래를 이미지로 얼마나 명확하게 그릴 수 있는지에 따라 학업 성취도가 달라진다는 것을 알아냈다. 지능지

수나 집중력 테스트보다 더 정확하게 창조적인 성취를 할 수 있는지를 가늠하는 잣대가 되는 것이다.

"삶에서 가장 활기 넘치고 흥미로운 순간은 고군분투하며 답을 찾아나가다 갑자기 완전히 새롭고 눈부시게 변모하는 한순간을 맞이할 때이다. 그것이 바로 미래의 이미지다.······ 창조적 에너지와 뛰어난 업적, 자아실현의 가장 강력한 원천 중 하나는 어떤 대상과 사랑에 빠지는 것이다. 당신의 꿈, 미래에 대한 자신의 이미지가 바로 그런 것이다."[1]

피할 수 없는 삶의 우여곡절을 겪는 와중에도 미래에 대한 긍정적 이미지가 우리를 운명으로 이끈다. 우리 모두에게는 운명, 즉 이룰 수 있는 최고의 미래가 있다. 그런데도 우리는 끊임없이 자신을 가두고, 미래를 보는 눈을 잃어가고 있다. 그리고 그 과정에서 희망을 잃는다.

인본주의 심리학자 에이브러햄 매슬로Abraham Maslow는 인간에게는 완전히 다른 2개의 영역이 있다고 했다. 결핍 영역에서 우리는 자신의 부족한 점을 극복하기 위해 안간힘을 쓴다. 우리는 세상에 대고 강요한다. 마치 "날 사랑해줘!" "날 받아줘!" "날 존중해줘!"라고 소리치는 것처럼 말이다.

존재 영역으로 들어오면 흐릿한 렌즈를 깨끗한 렌즈로 갈아 끼운 것처럼 눈앞이 밝아진다. 갑자기 세상과 사람들의 모습 그대로 눈에 들어온다. 그들이 자신의 목적을 이루는 수단이 아닌 목적 자체로 보이기 시작한다. 그제야 우리는 한 사람 한 사람을 소중한 존재로 바라보고, 그들이 각자 자아실현을 향해 나아가고 있다는 것을 인식하게 된다.

그때 우리는 긍정적인 미래를 받아들이기 위해 마음의 문을 열어젖힌다. 더 이상 자신의 결핍을 신경 쓰지 않을 때 호기심과 열린 마음으로 풍요롭고 즐거운 삶을 탐색할 수 있다. 벽을 낮추면 비로소 주변의 아름다운 풍경이 보이기 시작한다.[2]

최근 몇 년 동안 심리학자들은 상상력, 희망, 그리고 가능성을 만들어내는 심리학을 도식화하기 시작했다. 명확한 사실은 더 이상 과거에 얽매일 필요 없다는 것이다. 우리는 미래를 탐색할 수 있다. 이 책에는 긍정적 운명으로 이끄는 나침반, 즉 희망을 만들어내는 방법이 있다. 희망은 얼마든지 배울 수 있다. 긍정심리학의 실행 방법에 관한 책은 많지만 지금까지 희망을 다룬 이론은 없었다.

댄 토마술로는 보석과 같은 지략을 한데 모았다. 당신은 관점을 완전히 새롭게 바꿔 마음의 족쇄를 풀고 벗어나는 방법을 배우게 될 것이다.

이 책은 지나치게 낙관적이지 않으면서도 몹시 현명하다. 토마술로는 당신에게 괴로운 현실을 외면하라고 말하지 않는다. 오히려 현실을 제대로 보고 미래를 재구성함으로써 어떻게 균형을 되찾을 수 있는지 가르쳐준다. 당신의 가장 큰 강점과 가장 높은 가능성에 이르기 위해, 이전보다 더 주도면밀하게 상상력이라는 선물을 이용할 것이다.

이 책은 결핍을 뛰어넘어 '희망 채널'에 맞추는 데 도움을 줄 것이다. 지금까지 살아오면서 당신은 어쩌면 미래에 대해 흐릿한 그림을 그려왔을지도 모른다. 물론 그 그림이 좀 더 선명해진다고 해서 마술처럼 삶의 모든 부정적인 것들이 한꺼번에 사라지는 것은 아니다. 다만 그것들을 균형 있게 바라보는 방법을 배우게 될 것이다.

이미 내 안에 있는 긍정적인 잠재력에 초점을 맞추면 가능하리라 생각했던 것 이상으로 더 큰 희망을 찾게 될 것이다.

스콧 배리 카우프만

어느 날 뭔가가
예고 없이 찾아올 때

희망은 굳은 약속이 아니다. 오히려 일종의 에너지다.
종종 매우 암울한 상황에서 희망은 가장 강력한 힘을 발휘한다.
- 존 버거

나는 30년간의 결혼생활이 완전히 깨졌을 때 희망을 배웠다. 이 책을 펼쳤다면 당신의 삶에도 어느 날 갑자기 뭔가가 예고 없이 찾아왔을 것이다. 눈에 띄지 않던 빙산에 부딪힌 배처럼 가라앉아 한창 사투를 벌이고 있을지도 모른다. 이런 일이 벌어지면 우리는 보통 어떻게 헤쳐나가야 할지 몰라 불안함을 느낀다.

원래 나는 우울한 사람이 아니다. 항상 들떠 있고 활기차며, 어떤 문제가 생겨도 침착하게 대처하는 편이다. 아내도 마찬가지였다. 하지만 이혼한 후 나는 무기력해지고 침울하며 열정도 사라졌다. 가장 힘든 부분은 그 와중에도 일을 해야 한다는 것이었다. 우울한 심리학자보다 최악인 게 있을까? 나는 상담 업무를 계속했지만 내 우울증조차 감당할 수 없는 마당에 우울증을 호소하는 사람들의 얘기를 들어주기란 여간 고역스러운 일이 아니었다.

그 무렵 나는 긍정심리학에 대해 알게 되었다. 당시 긍정심리학을 연구하던 가장 친한 친구가 이런저런 방법을 제안하며 시도해보라고 독려했다. 이를테면 매일 아침 감사라는 렌즈를 끼고 전날의 일을 돌아본다거나, 타인에게 친절을 베푼다는 식이었다.

처음에는 장난감 총을 주면서 전함을 침몰시키라고 하는 것 같았다. 어떻게 이 작은 변화들이 내 안의 무수한 고통을 없앨 수 있단 말인가? 그러나 어차피 아무것도 도움이 되지 않던 차였다. 내 삶과 미래에 감사하는 마음을 기르려면 어떤 도움이 절실했다. 그 전까지만 해도 전혀 힘든 일이 아니었는데, 이젠 거의 불가능해 보일 정도였으니까.

그때까지 해왔던, 바라고 믿었던 모든 것들이 다 무너져 내린 것 같았다. 미래에 대한 비전은 고작 살아남는 게 다였던 때였다. 그런데 감사하는 마음으로 다른 사람들을 친절하게 대하라니! 그건 너무 단순하고 너무 쉽지 않은가. 더구나 축 처진 내 기분을 끌어올릴 수는 없을 것 같았다. 나는 재정적, 사회적, 감정적 채찍질을 꾸역꾸역 견뎌내는 중이었다. 어떻게 감사하는 마음의 렌즈를 끼고 비참한 하루를 돌아볼 수 있다는 말인가?

친구는 포기하지 않고, 처음 열리는 국제 긍정심리학회International Positive Psychology Association 컨퍼런스에 나를 끌고 가다시피 했다. 그리고 그곳에서 나는 새롭고 강력한 연구가 진행되고 있다는 사실을 처음 알게 되었다.

긍정심리학은 누구나 성취감을 경험하고, 의미 있는 삶을 살 수 있다는 믿음을 바탕으로 개개인과 공동체가 함께 성장하고 번영하는 데 힘을 실어줄 강점을 연구하는 것이었다. 어떻게 하면 우리 내면에서 최고의 강점을 끌어올릴 수 있는지를 집중적으로 파헤쳤다. 긍정심리학의 목적은 사랑, 일, 그리고 놀이 경험을 향상함으로써 더 행복한 기분을 더 자주 느끼는 것이었다. 이런 마음가짐은 처음으로 온전한 희망을 경험하게 해주었다.

긍정심리학 연구는 가장 간단한 방식으로 내가 느끼는 감정을 완전히 바꿔놓았다. 그토록 많은 교육을 받고, 임상 활동에 참여하고, 지도교수에게 개인 지도까지 받았건만 그제야 처음으로 음울한 감정을 단순히 견디는 것이 아니라 바꿀 수도 있다는 믿음이 생겨났다. 그렇게 해서 긍정심리학의 연구 결과는 물론 내게 다시 희망을 불어넣어 준 실천 방법을 받아들이게 되었다.

희망이라는 마음 습관

임상심리학 분야는 전통적으로 정서적 고통과 정신질환을 유발하는 문제가 무엇인지 알아내고 증상을 완화하는 데 중점을 둔다. 예를 들어 다양한 종류의 상담 요법이나 약물치료가 있다. 그렇다면 그 방법들은 효과가 좋고 오래갈까? 많은 경우에는 그렇지 않다.[3] 사실 우울증에서 회복한 사람들의 80퍼센트가 재발한다.[4] 이 책을 읽고 있는 당신도 그중 하나일지 모른다.

물론 치료 요법, 약물, 식단의 변화, 운동, 숙면이나 혹은 더 많은 햇빛을 쬐는 것 등이 도움이 되기도 한다. 하지만 효과는 미미하거나 그리 오래가지도 않는다. 왜 그럴까? 전통적인 심리학과 의학은 원래 절반 정도만 성공할 수밖에 없도록 설계되어 있기 때문이다. 우리를 구덩이에서 꺼내주기는 하지만 다시 못 들어가게 꽉 붙들어주지는 못한다는 얘기다. 그러한 상황이 계속 되풀이된다는 것이다.

그렇다면 회복한 뒤에도 재발하지 않는 20퍼센트는 어떨까? 우울증 증상 개선을 목표로 진행된 일련의 연구에서 최고의 모습을 끌어내는 데 초점을 맞춘 간단한 방법이 재발을 막았고, 더 나아가 1년 이상 건강과 웰빙well-being을 유지했다는 사실이 밝혀졌다.[5] 그들은 우울증에서 벗어나는 방법은 물론 스스로 성장하는 법까지 알게 되었다.[6]

그들은 희망을 배웠다. 희망찬 느낌hopefulness 또는 그냥 희망hope이라고 부르는 그 감정은 마음 상태라기보다 마음 습관이다. 습관은 바꿀 수 있다. 물론 희망이 단번에 우울한 기분을 나아지게 하는 것은 아니다. 그러니 약을 먹고 있다면 중단하지 말라. 당신에게 도움이 되는 일상적인 신체 활동도 멈추지 말고 계속하라.

운동이나 숙면 또는 영양가 높은 식단처럼 건강에 좋은 습관을 길렀다면 계속 유지하라. 육체적인 건강만큼이나 우리의 정신 건강을 뒷받침해주는 활동들이기 때문이다. 그런데도 여전히 바꿔볼 만한 게 있다면, 이 책에서 배운 내용이 도움을 줄 것이다.

마음과 육체적 습관은 부정적 혹은 긍정적인 기분에 영향을 미칠 수도 있다. 이 책에서 건강과 웰빙을 증진하기 위해 고안된 마음과 사고의 습관을 한데 모아 희망을 배울 것이다. 정서적 건강과 행복을 강조하는 긍정심리학에 초점을 맞춰 건전한 전략이 우리의 삶에 미치는 영향을 극대화할 수 있다. 또한 지금 당신이 기울이고 있는 노력에 더해 새로운 도구를 얻게 될 것이다.

긍정심리학 훈련은 침울한 기분과 부정적인 생각, 그리고 슬픔에 맞서 싸우는 것뿐만 아니라 긍정적인 사람이 되는 데도 도움을 줄 것이다. 인생에 대한 향유, 마음챙김, 신념, 희망, 건강과 행복, 낙관주의는 당신이 익혀야 할 일부에 불과하다. 고통을 줄이는 것과 동시에 당신을 성장시킬 방법을 알게 될 때 비로소 나쁜 기분에서 벗어나 더 행복한 삶을 살 수 있다.

우울하지 않은 상태와 행복한 상태는 같지 않다. 우울한 기분이 상대적으로 남들보다 가볍거나 더 심각할 수도 있다. 하지만 어느 쪽이든 상관없다. 당신은 희망을 늘려 더 행복해지는 방법을 배우게 될 테니까. 전통적인 심리학이 고통을 덜어주는 데 중점을 두고 있다면, 긍정심리학은 건강과 웰빙을 증진한다. 2가지를 결합하면

실제로 언제까지나 행복하게 잘살 수 있다. 바로 세상살이에 대한
당신의 인식을 바꿔줄 것이다.

앞날에 당신을 기다리고 있는 것

우리는 자신이 세워놓은 장애물을 보지 못하기 때문에 앞으로
더 나아가지 못하고 갇혀버린다. 반복된 결정과 생각이 바로 이런
장애물에 해당한다. 예를 들어 여러 번 곱씹어 되새김질하는 생각
은 우리의 에너지를 고갈시키고, 긍정적인 생각을 하지 못하게 막
는다. 우리를 바닥으로 끌어내리는 부정적 생각의 하강 나선^{down-}
^{ward spiral}은 달리는 기차처럼 더 이상 손쓰기 힘들고 피할 수 없는
상황으로 인식하게 만든다. 너무 무기력해진 나머지 우울한 기분
에서 벗어날 시도조차 할 수 없었던 때가 있었는가? 그렇다면 당
신은 혼자가 아니다.

사람들은 누구나 익숙한 것에 끌리기 마련이다. 그런데 그게 하
필 부정적인 생각이라면 긍정적으로 받아들이기가 힘들다. 그것이
바로 악순환의 고리다. 이 책은 당신이 바로 그 악순환의 고리를 끊
고 반대로 선순환을 일으키는 방법을 가르쳐줄 것이다. 오늘부터
당장 시작해보라.

과거에서 벗어나는 데, 또는 현재에 집중하고 미래를 창조하는

데 유용할 것이며, 또 어떤 경우에는 이 모든 것을 동시에 실천할 수 있도록 도와줄 것이다.

이 책은 내가 배운 방식을 기반으로 구성되어 있다. 1장에서는 긍정심리학의 원리와 우울증의 나선을 짧게 줄이는 실용적인 지식을 제공하고, 효과를 경험할 수 있는 몇 가지 연습 방법도 함께 소개한다. 다음 7개의 장에서는 희망을 학습하기 위해 할 수 있는 선택과 새로운 습관을 기르는 방법을 가르쳐줄 것이다. 점차 습관이 들수록 더욱더 쉬워진다.

- 한계를 뛰어넘을 수 있다는 가능성 발견하기
- 부정적인 마음을 희망적으로 바꾸기
- 긍정적이고 행복한 감정 가꾸기
- 내가 가진 최고의 강점을 찾아서 삶을 바꾸기
- 아주 작은 목표부터 시작해서 큰 목표 세우기
- 인생의 우선순위 정하기
- 나를 둘러싼 사람들의 소중함 느끼기

각 장은 우리가 다루게 될 주요 개념을 소개하는 것으로 시작해 관련 연구에 대해 살펴보고, [희망을 채우기 위해 지금 당장 해야 할 일] 연습을 통해 다양한 실천 방법을 가르쳐줄 것이다. 이를 통해 당신은 희망, 회복탄력성resilience, 건강과 행복을 찾게 될 것이다. 몇 가지 사례를 소개하겠지만 미국 심리학회의 지침에 따라 이름과 세부 정보는 밝히지 않았다.

무엇보다 변화하는 과정을 노트에 적어보는 것이 좋다. 자필로 쓰든, 디지털로 작성하든 상관없다. 그냥 일기면 된다. [희망을 채우기 위해 지금 당장 해야 할 일]은 직접 해보고 어떤 기분인지 느껴보길 바란다. 효과를 알아보려면 몸소 겪어보는 것만큼 좋은 것이 없으니까.

먼저 다 읽고 나서 나중에 연습하기보다 책을 읽으면서 바로바로 실행에 옮기면 관점의 변화가 어떻게 인식을 바꾸는지 실감할 수 있다. 이 과정이 희망을 찾는 여정에 힘을 실어주고, 아울러 당신에게 무엇이, 어떻게 효과가 있는지 지속적으로 알려줄 것이다.

자, 이제 시작해보자.

희망이 당신을 기다리고 있다.

1장

잠시,
마음을 멈춘다

삶은 나를 찾아가는 여정이 아니다. 삶은 나를 만들어가는 과정이다.

- 조지 버나드 쇼

●

나는 뉴욕에서 펜 역을 자주 이용한다. 그러다 보니 몇 년째 역에서 구걸하는 노숙자의 모습이나 재능 있는 음악가들이 여남은 동전을 구걸하며 연주하는 모습을 심심치 않게 본다.

어느 날 오후였다. 범상치 않은 실력의 바이올린 연주자가 생소한 콘체르토를 연주하며 사람들의 발길을 붙들고 있었다. 아니나 다를까 노숙자 한 명이 사람들 사이를 비집고 들어와 구걸하기 시작했다. 남자는 잔돈이 가득 담긴 커피 컵을 한명 한명 앞에 내밀며 '한 푼'을 호소했다. 대부분 노숙자의 성가신 행동에 짜증스러워했고, 나도 마찬가지였다.

마침내 어떤 사람이 고개를 흔들며 딱 잘라 거절한 후 바이올린 연주자를 가리켰다. 노숙자는 마치 최면에서 깨어난 듯이 음악에 집중했고, 놀랍게도 그에게서 미세한 동요가 일기 시작했다. 그는 자석처럼 음악에 이끌리는 듯이 보였다. 이윽고 그는 멈칫거리던 발걸음을 떼어 연주자 앞으로 다가가더니 몸을 숙이고 잔돈이 그

득하게 담긴 커피 컵을 바이올린 케이스에 쏟아붓고 연주자를 향해 엄지를 높이 치켜세웠다. 연주자는 고개 숙여 감사의 뜻을 표했다. 그 광경을 지켜본 나를 포함한 거의 모든 사람들이 두 사람에게 줄 돈을 찾아 지갑을 꺼냈다.

드라마에서나 볼 법한 이 장면은 실로 한 편의 우화나 다름없다. 노숙자를 좋은 음악을 감상하지 못하게 방해하는 부정적이고 짜증나는 생각이라고 해보자. 그러나 그가 주변의 아름다움과 혜택, 또한 아름다운 음악의 축복에 눈을 돌리고, 자신이 가진 전부를 연주자에게 바침으로써 훨씬 더 많은 돈을 벌게 되었다. 그가 바라는 것이 뜻하지 않은 방식으로 충족된 것이다.

이 이야기는 우리의 인식 과정과 정확히 맞아떨어진다. 부정적인 생각을 긍정적인 생각으로 바꾸면 기대한 것 이상으로 더 많은 것을 얻을 수 있다. 우울증을 겪었을 때 나는 긍정심리학에서 제시하는 방법을 사용했고, 처음으로 슬픔이 사라지면서 희망이 차오르는 것을 느꼈다. 점차 활력을 되찾고 긍정적인 기분을 전보다 더 많이 느끼게 되자 변해야겠다는 의욕도 생겨났다.

희망이 어떻게 사람을 변화시키는지 알게 되니 인생이 놀랍도록 술술 잘 풀렸다. 당신의 삶에도 이 방법을 적용해보라. 나와 똑같은 경험을 하게 될 것이다. 당신은 그저 살아 있는 존재가 아니다. 살아가는 동안 좀 더 많은 일을 이뤄내야 한다. 끊임없이 성장하고 발전해야 한다.

언젠가 힘겨운 순간에 써먹을 수 있는, 얼어붙은 마음에 다시 불을 지펴 활활 타오르게 하여 당신을 삶의 중심으로 이끌어줄 방법을 제공하는 것이 바로 내가 궁극적으로 추구하는 목적이다. 인생에서 쓰라리고 어려운 상황을 다루는 방법을 배우는 것은 엄청난 가치가 있다. 바로 거기에서 우리의 잠재력을 키울 수 있기 때문이다.

우리가 더 올바르게 이해하고 행동하기 위해서는 힘든 일을 다르게 인식하고 겪어봐야 한다. 이번에는 희망이라는 렌즈를 끼자. 이 일을 해낼 수 있다는 믿음이야말로 긍정심리학이 당신에게 해줄 수 있는 약속이다. 희망은 변화의 가능성을 믿고 실현해낸 결과물이다.

집을 지을 때 맨 먼저 삽으로 땅을 파고, 그다음에 망치와 못으로 벽을 세우는 것처럼, 희망을 만들어가는 과정에도 각기 다른 방법이 필요하다. 집을 짓는 것처럼 희망을 만드는 데도 계획과 설계도가 필요하다. 희망의 청사진은 누구나 원하는 대로 자신의 미래를 만들 수 있다는 사실에서 비롯된다.

내 마음속에 그리는 것들

1960년대 마틴 셀리그만[7]은 어떤 상황에서 무기력하게 포기한 경험이 있는 사람은 다른 상황에서도 똑같은 감정을 느끼게 되는데, 그 과정이 우울증을 유발한다는 이론을 정립했다. 처음에 마틴 셀리그만과 스티브 마이어는 통제 불가능한 끔찍한 상황에 놓인 동물들이 어떤 이유로 충격에서 헤어나지 못하고 좌절하는지를 연구했다.

'학습된 무기력'이란 용어는 이 연구에서 나왔는데, 점차 해석의 범위가 넓어져서 과거에 경험한 상황이 빚어낸 결과를 실제로 통제하지 못하거나 통제할 수 없다는 인식으로 인해 수동적 성향을 띠는 것을 말한다. 1960년대에는 뇌의 미묘한 작동 방식을 이해하기 위한 학문이나 기술이 없었기에 우울증을 '학습된 무기력'의 결과라고 보았다. 지금까지는 마틴 셀리그만의 연구와 이론이 심리학에서 매우 지배적이었다. 그러나 50년에 걸친 후속 연구에서 초기 이론이 잘못되었음이 밝혀졌다. 새로 개발된 기술을 통해 뇌 과학과 생화학이 발달하면서 그들은 한목소리로 말했다.

"우리는 충격에 수동적인 반응을 보이는 것은 '학습된' 것이 아니라는 사실을 발견하게 되었습니다. 수동성은 디폴트(기본 설정)죠. 장기간에 걸친 끔찍한 상황으로 인해 학습된 것이 아닌 자연스러운 반응으로……결국 탈출을 못 하게 막아버립니다."[8]

이처럼 한층 강화된 연구 결과로 인해 우리는 이미 일어난 일을 돌아보지 않고 상황을 통제하기 위해 앞을 내다보게 되었다.

새롭게 발견된 사실은 나쁜 일이 어떻게 사람들을 불안하게 만들고 소극적으로 바꿔놓는지를 설명해준다. 진화 과정에서 우리는 안 좋은 상황에 오래 노출되면 모든 활동을 멈추도록 프로그래밍 되었다. 작동 중단 스위치가 켜지고 소극적으로 바뀌게 되는 것이다. 바로 힘을 아끼기 위해서다.

이러한 사실이 희망을 가지는 데 어떤 영향을 미칠까? 미래에는 이러한 내면의 제어장치를 탐지하고 예측할 수 있는 능력이 슬럼프를 벗어나는 데 도움을 줄 것이다. 과거에 일어난 일에 집중하는 대신 미래에 초점을 맞추면 희망이 생겨나기 때문이다. 연구자들은 입을 모아 말한다. "치료에서 가장 중요한 부분은 지금보다 나을 것이라는 미래에 대한 기대감이다."[9]

이것은 희망이 어디에서 오는지 직접적으로 암시하는 말이다. 앞으로 다가올 일을 마음속에 잘 그릴 줄 아는 사람만이 동기부여를 할 수 있다. 이미 일어난 일에 초점을 맞추면 우리는 끊임없이 어둠 속에 앉아 있게 된다. 미래의 가능성에 집중할 때 눈부신 햇살 속에서 일어설 수 있다. 스티브 마이어와 마틴 셀리그만이 발견한 두뇌 속 미래 예측 경로를 희망 회로라고 한다.

희망의 회로를 켜는 것

긍정심리학의 창시자 마틴 셀리그만에 의하면 희망은 안 좋은 일이 일시적이고, 구체적이며, 관리할 수 있다고 기대하는 마음이다. 찰스 스나이더Charles Snyder와 제니퍼 치븐스Jennifer Cheavens 등 다른 연구자들은 희망이 목표를 성취할 수 있는 경로와 목표에 도달할 수 있는 의지나 동기를 포함한다고 말했다.[10]

반면 바버라 프레드릭슨Barbara Fredrickson을 위시한 다른 연구자들은 희망이 다른 긍정적인 감정들과는 다르게 우리의 상황이 어렵거나 적어도 불확실할 때 개입된다고 보고 희망을 이례적인 감정으로 이해한다.[11] 한편 케이 허트Kaye Herth와 같은 의학자들은 희망은 충분한 지지가 있을 때 나타난다는 것을 발견했다.[12]

희망에 관해 통일된 이론은 발표되지 않았다. 연구 결과들은 흡사 세 명의 장님이 코끼리의 각기 다른 부위를 만지고 생김새를 묘사하는 형국이다. 개별 묘사는 정확하지만 절대 완전하지는 않다는 뜻이다. 상황이 이렇다 보니 나는 희망에 관한 다양한 이론과 연구 결과에서 퍼즐 조각을 모아 하나씩 맞춰보기로 했다. 그 결과가 바로 희망을 불어넣어 줄 한 세트의 도구이다.

높은 희망을 품은 사람들일수록 목표를 이루고자 하는 강한 의지, 변화를 일으킬 에너지와 동기를 가진다. 그들에게는 경로, 즉 목표에 도달하는 길이 있다. 특히 이들은 걸림돌을 만나면 새로운 경로를 잘 찾아낸다. 그런 사람들은 회복탄력성이 높고 수완이 좋다. 바로 이것이 우리가 이번 장에서 살펴볼 내용이다.

희망을 자라게 하는 것

이번 장에서는 희망에 관한 몇 가지 보편적인 오해를 알아보고자 한다.

희망은 그 자체로 긍정적인 감정이다.
아니다. 희망은 부정적 감정이나 불확실성이 있어야 나타나는 유일한 긍정적 감정이다.

희망이 무럭무럭 자라나기 위해서는 부정적 감정과 불확실성이 필요하다. 성장에 필요한 정서적 자양분을 보유하고 있는 것은 걸림돌, 좌절, 실망감이다.[13] 심리학의 역사는 주로 우리에게 좌절감을 안겨주는 감정들에 대해 가르쳤다. 심리학계에서 긍정심리학이 가장 빨리 발전하게 된 것은 긍정적 감정이 부정적 감정에 미치는 영향 때문이다. 우리는 구체적인 방법을 통해 긍정적 정서를 일깨우고 강화함으로써 부정적 감정이 우리 삶을 옥죄지 않도록 할 수 있다.

희망이라는 감정은 긍정과 부정, 어느 쪽에도 치우치지 않기에 특별하다. 희망은 우리가 어떻게 좌절을 해석하고 행동하느냐를 두고 내리는 일련의 결정에서 비롯된다.

당신의 발목을 붙드는 생각을 적어보자

• • •

우울한 생각의 주된 특징 중 하나는 되새김질하는 것이다. 안 좋은 생각을 계속 반복하면 감정이 계속 가라앉으면서 소용돌이친다. 희망으로 인식의 전환을 해나가는 동안 나는 되새김질하는 생각들을 적어보라고 권한다. 그런 생각이 당신을 머뭇거리게 만든다. 그런 생각에 맞서기 위한 첫 번째 단계는 그것들이 무엇인지 알아내는 것이다. 아직은 이런 생각에 정면으로 부딪치지는 않을 것이다. 그렇지만 당신은 자신이 무엇과 맞서 싸워야 하는지 알고 싶을 것이다.

당신이 원하거나, 혹은 원했던 것들을 생각해보자. 그 목표를 가로막은 것은 무엇인가? 어디서 갇혀버렸는가? 노트를 펼치고 이 질문에 대해 생각할 시간을 가져보자. 자신을 괴롭히는 생각들을 단지 써 내려가는 것만으로도 치료 효과가 있다.

희망은 저절로 다가오지 않는다

희망은 무언가를 갈망하지만 실현할 수 없을 것이라는 감정이 아니다. 희망에는 상황을 바꾸고자 하는 의지가 포함된다.

희망은 있거나 없거나 둘 중 하나다.

아니다. 희망은 얼마든지 일깨우고 기를 수 있다.

사소하더라도 기분이 더 좋아지는 방법을 찾으면 희망이라는 감정을 일깨울 수 있다고 한다. 우리가 희망을 조절하고 향상시킬 수 있다는 얘기다.[14] 아울러 부정적인 감정이 조금만 줄어도 더 높은 수준의 희망에 도달한다.[15]

이것이 이른바 게임 체인저game changer(국면을 완전히 바꿔놓을 만한 사람이나 물건, 혹은 아이디어)다. 삶에서 희망을 품는 방식을 근본적으로 다르게 이해하는 것이다. 희망이 저절로 우리에게 와서 의욕을 북돋워주길 기다리는 것이 아니다. 우리가 즉시 무언가를 함으로써 희망을 끌어내고, 마음속에 더 자리 잡게 만드는 것이다. 우리는 희망을 촉진할 수 있다. 우리가 더 나은 선택을 함으로써 말이다.

우울한 기분은 아무 이유 없이 무작위로 생긴 것이 아니다. 그럴 만한 이유가 있다. 우울한 기분은 원래 걱정을 먹고 자란다. 그리고 인간인 이상 걱정을 안고 태어나기 마련이다. 하지만 우리가 무엇을, 얼마나 자주, 언제 걱정하는지를 알고 그 패턴을 바꾼다면 부정적인 기운의 지배에서 벗어나 기분이 나아질 수 있다. 긍정적인 것보다 부정적인 것에 더 끌린다는 것을 알아차릴 때 변화가 시작되는 것이다.

안 좋은 것들을 되새기는 습관

우리가 살아가는 환경은 부정적인 생각이 자리 잡기 쉽다. 치아에 뭔가 끼었을 때를 생각해보자. 샐러드를 먹다가 채소가 이에 끼었다. 혀가 어떻게 하는가? 즉시 움직여 이에 낀 것을 빼내려고 할 것이다. 입술을 깨물면 어떻게 될까? 마찬가지로 혀는 즉시 움직여 상처 부위를 핥을 것이다.

혀가 절대 하지 않는 일은 빈둥거리며 어금니의 감촉을 느끼는 것이다. 왜냐하면 혀의 초기 설정 기능이 입을 계속 청소하며 문제가 있는지 살피는 것이기 때문이다. 혀는 맛이 안 좋다거나 느낌이 안 좋다거나 혹은 상처가 났을 때 만반의 태세를 갖추고 문제를 해결하기 위해 움직인다. 반면에 문제가 감지되지 않으면, 당신의 혀는 그야말로 아무 일도 하지 않는다.

우리 뇌도 그와 비슷한 방식으로 작동한다. 뇌는 무엇보다 생존을 위해 활동한다. 뇌의 첫 번째 임무는 혀와 마찬가지로 잘못되었거나 위험한 상황으로부터 우리를 보호하는 것이다. 뇌는 수세기에 걸친 진화의 과정에서 '부정편향Negativity bias'이라는 특성을 발전시켰다. 그렇기 때문에 우리는 세상에 태어난 이래 본능적으로 해로운 것에서 멀리 떨어져 있으려고 하는 것이다.[16]

뇌는 끊임없이 위협적인 요소와 그렇지 않은 요소를 가늠한다. 위험한 것을 발견하면 뇌는 무엇을 해야 하는지 알아낸다. 수백 명이 오가는 거리에서 어떤 사람이 소리를 지르거나, 혹은 누군가와 싸움을 시작하면 어떤 일이 벌어질지 금방 알아차릴 것이다. 당신은 만반의 준비를 하고 주변 상황을 살피기 시작한다. 도망치는 게 좋을까? 앞으로 뛰어가야 할까? 가만히 있는 게 나을까? 위험은 우리의 모든 정신과 주의를 집중시킨다. 우리의 뇌는 잘못된 것이 없는지 하루에도 2만 번에서 5만 번 정도 주변을 살피고 판단한다.

이때 부정적인 생각은 변화의 동기를 부여하므로 종종 성공을 위한 필수 요소가 되기도 한다. 그래서 당신도 이 책을 집어 든 것이 아닌가? 부정적인 생각, 감정, 경험이 도움이 될 거라는 믿음을 심어주었을 것이다. 당신의 고통이 변화하고자 하는 동기를 부여했고 희망을 만들어냈다. 희망이 약점이 아닌 강점을 불러일으킨 것이다. 당신은 이런 강점이 필요할 때 언제든 불러내는 방법을 배울 수 있다.

좋은 것을 먼저 생각하라

혀가 우리를 보호하는 것 이상의 임무를 수행하듯이 뇌 역시 걱정하는 것 이상의 역할을 해낼 수 있도록 설계되었다. 걱정과 즐거움 모두 우리가 안전하고 행복한 상태를 유지하는 데 필요하다. 우리에게 해로운 것을 밀어내는 것도 중요하고, 우리의 성장에 도움을 주는 요소를 끌어당기는 것도 중요하다. 걱정은 불안과 우울증이 도사린 쪽으로 너무 치우쳐 있다. 하지만 삶의 쾌락에만 초점을 맞추는 것도 삶을 매우 취약하게 만든다. 우리의 능력과 동기를 균일하게 맞출 필요가 있다. 바로 정서적 균형이다. 고대의 철학적 가르침 속에 늘 존재해왔던 바로 그것.

좋은 것을 보면 무슨 일이 일어나는가? 당신이 나와 비슷하다면 아마 그것에 관심을 기울일 것이다. 하지만 다른 위협을 느끼는 상황에서는 거기에 주목하지 못할 것이다. 어떤 여자의 가방을 들어주는 친절한 사람의 모습이 눈에 들어왔다고 하자. 그러나 그 순간 지나가는 자전거를 향해 고래고래 소리치는 남자가 있으면 우리의 주의는 단숨에 그 남자에게 쏠리고 만다.

우리는 부정적인 것에 주목하게끔 프로그래밍되었다. 하지만 계속 그것에 초점을 맞추면 부정적인 것에 집중하겠다고 판단을 내리는 것이다. 우울한 기분을 만드는 것은 반복적으로 부정적인 것에 집착하는 습관이다. 그러다 보면 거기에 갇혀버리게 된다. 부정적인 감정은 우리의 약점을 부각하고 미래의 가능성을 지워버린다.

목표에 차질이 생기고 목표에 이르는 경로를 찾을 수 없을 때 실망감을 느끼면 당신의 몸과 뇌에 반응이 나타난다. 처음 나타나는 반응은 분노이다. 벌어진 상황에 대해 타인을 비난하는 것이다. 그다음 자신을 비난한다. 그러고 나서 대체로 포기하는 수순을 밟는다. 귀찮게 뭐하러 하는가?

이러한 초기 반응은 우리의 진화와 매우 밀접한 관련이 있다. 혀나 뇌처럼 우리도 잠재적 위협을 헤아리고 결정한다. 이것이 우리를 해칠 수 있을까? 갈등에서 도망칠 것인가? 공격할 것인가? 그것도 아니면, 상황을 살피면서 무엇을 해야 할지 생각해볼 것인가? 이러한 반사적인 행동으로 가능성을 헤아려본다. 다시 말해 잠재적 피해를 가늠하며 대처할 방법을 선택한다는 뜻이다.

우울증은 나쁜 일에 대한 인간의 디폴트(기본 설정) 반응이다.[17] 우울증은 우리가 상황을 살피고 반응해야 하는 다른 위협과 같은 범주에 속한다. 부정적인 사건이 우리의 주의를 빼앗고 위협이 있는지 살피게 만드는 것처럼 기대가 충족되지 않을 때 느끼는 분노나 불안감, 혹은 갇힌 듯한 느낌도 마찬가지다.

부정적인 사건을 되새김질하다 보면 우리의 뇌는 위협적인 상황으로 인식한다. 그 결과 우리는 어떻게 하는가? 포기한다. 절대 안 바뀔 거라고 확신하는 상황에서 뭐하러 귀한 에너지를 낭비하겠는가? 내가 미래를 만들 수 없다는 생각에 사로잡힐 때 나타나는 초기 반응이 바로 우울한 기분이다.

내 마음속에 잠든 희망 찾아보기

희망 찾기는 부정적인 상황에 맞닥뜨렸을 때 투쟁Fight, 도피Flight,

경직Freeze 외에 우리가 선택할 수 있는 강력한 대안이며, 얼마든지 기를 수 있다. 우리의 반응 목록에 희망을 추가하면 부정적인 사건이나 불확실성에 직면했을 때 어떤 일을 할 수 있을지 더 정확하게 이해할 것이다.

희망은 그 이전과는 다른 생각이 머릿속을 비집고 들어와 우리가 무엇을 할 수 있을지 헤아려볼 때 생겨나는 것이다. 상황을 바꾸기 위해 내가 할 수 있는 일이 있을까? 희망은 상황을 부정하지 않는다. 다만 상황을 다르게 정의할 뿐이다. 당신은 자신이 처한 상황을 부정하지 않았다. 그저 상황을 다르게 들여다볼 방법을 찾고 있었을 뿐이다.

화내고, 포기하고, 벽에 갇힌 듯한 느낌은 반사신경에 가까울 수 있다. 하지만 그것이 판단의 결과라는 사실은 분명하다. 나쁜 일이 일어났을 때 부정편향으로 인해 그런 반응들이 우선 나타나는 것뿐이다. 분노 외에 다른 생각을 하지 않는다면 부정편향이 계속되면서 위협적으로 해석할 것이다. 그러면 우리는 벽에 부딪힌 느낌이 든다. 그 상황을 위협적으로 판단하고 생존하려면 자신을 보호해야 하기 때문이다.

상실감을 경험하거나, 목표를 이루는 데 실패했거나, 두려움을 느낄 때 우리는 그 상황을 살펴보고 자신의 고통스러운 감정을 들여다본다. 이렇게 되면 희망이 자라날 1~2가지의 성분은 얻은 셈이다. 왜냐하면 부정적이고 불확실한 감정을 느끼기 때문이다. 이런 감정은 분노를 촉발하기도 하지만 희망에 불을 지피기도 한다.

내가 지금 뭘 할 수 있을까? 투쟁, 도피, 경직 대신 미래에 초점을 맞출 수도 있다. 희망 또한 미래의 여러 가능성 중 하나이다. 이러한 인식의 전환을 하는 데 도움을 줄 방법이 필요하다.

희망을 채우기 위해 지금 당장 해야 할 일

세상을 보는 렌즈를 바꿔라

• • •

인식의 변화가 어떻게 일어나는지 설명하기 위해 왼쪽을 향하고 있는 오리 그림을 보자. 오리의 부리와 눈에 주목해보라.

이번에는 이 그림의 오른쪽을 주목해보자. 그러면 오리의 눈은 오른쪽을 향하고 있는 토끼의 눈이 된다. 왼쪽으로 뻗은 것은 토끼의 귀와 닮았다. 왼쪽

을 보면 다시 오리의 모습이 보인다. 오른쪽을 보면 다시 토끼의 모습이 된다. 동물 두 마리가 왔다 갔다 하는가? 어느 것에 초점을 맞추는지에 따라 이미지가 바뀌는 것이다.

당신에게 오리 그림을 보라고 하자 당신은 쉽게 오리를 발견했다. 그러나 방향을 바꿔 다시 보라고 요청하자 이번에는 토끼가 눈에 들어왔다. 2가지 이미지 모두 옳다. 이미지를 다른 방식으로 보라고 하자 당신은 그렇게 했다. 그 후 당신에게는 2가지 관점이 생겼다. 바라보는 시각이 바뀌자 다른 모습이 보인 것이다.

우리는 앞으로 이러한 인식의 변화를 경험할 것이다. 다른 관점으로 대상을 바라볼 수 있다는 것을 알면 어떻게 바라볼 것인지 선택권을 갖게 된다. 어떤 일로 기분이 나빠지면 세상은 한없이 무의미해 보인다. 하지만 인식을 약간만 전환하거나 다른 렌즈로 세상을 바라보면 모든 것이 달라진다. 우리는 세상을 다르게 바라보고, 더 긍정적으로 반응하게 된다.

이 연습에서 중요한 것은 절대 바뀌지 않을 것만 같았던 이미지다. 하지만 당신은 방금 같은 이미지를 다르게 보았다. 당신이 인식을 바꾸었기 때문에 다르게 보인 것뿐이다. 같은 방식으로 인식을 바꾸면 세상을 더욱 희망차게 바라볼 수 있다. 우리가 바라보고 있는 대상을 바꿀 수는 없지만, 우리의 인식은 얼마든지 바꿀 수 있다. 세상에 대해 느끼는 방식을 바꾸기 위한 핵심이 이것이다.

희망을 품는다는 것은, 어떤 것 혹은 어떤 사람이 우리를 구하러 올 것이라고 믿는 것이 아니다. 오히려 희망은 삶을 변화시킬 힘을 주고, 그렇게 해서 계속 살아갈 수 있게 해준다. 희망의 이런 탁월한 속성은 뇌의 작동 방식을 바꾸고자 하는 의지와 동기부여를 하는 데도 중요하다.

희망은 신념과 같은 개념이다.

아니다. 희망은 자신이 긍정적인 미래를 만들 수 있다는 믿음이다.[18] **신념은 어떤 것을 믿겠다는 믿음이다.**

희망을 만들어내는 7가지

우리가 잘못된 것에 집중하면 강점을 보지 못하게 된다고 한다.[19] 이 사실은 또 하나의 오해를 보여준다.

당신이 처한 상황이 희망의 양을 조절한다.

아니다. 당신은 포부와 목표를 조정하여 희망의 양을 조절할 수 있다.[20]

희망이 있다면 우울증은 변화의 기폭제가 되기도 하고, 불안은 용기로 변할 수 있으며, 트라우마조차 엄청난 기회가 된다.[21] 핵심은 자신이 더 나은 미래를 만드는 데 얼마나 많은 영향을 끼칠 수 있는지, 어느 쪽이든 결정한다는 것이다. 이러한 결정은 우리를 영적, 정신적, 육체적으로 더 나은 곳으로 이끌 수도 있고, 우울한 감정의 소용돌이 속으로 보낼 수도 있다.

이런 결정에는 7가지 유형이 있다. 한 가지 결정이 진전을 보이면 부푼 희망을 품은 결정은 어렵지 않게 할 수 있다. 운동을 시작하면 먹는 것에 더 신경을 쓰는 것처럼 좋은 결정을 한번 내리면 다른 좋은 결정을 뒷받침해준다.

각기 다른 소리가 모여 조화를 이루는 오케스트라처럼 각각의

희망을 가로막는 결정	부푼 희망을 품은 결정
상황을 고정불변한 것으로 본다	더 나아질 수 있다는 가능성을 본다 아름다움, 혜택, 축복에 주목한다
부정적인 것에 초점을 맞춘다	긍정적인 감정을 기른다
자신의 약점에 집중한다	자신의 강점에 집중한다
어떤 일을 시도하거나 도전하지 않는다	도전적인 목표를 세운다
삶의 의미와 중요성을 모른다	목적을 찾는다
고립된 상태에서 오로지 사리사욕에 매달린다	관계를 소중히 다룬다

결정은 전체를 구성하는 요소가 된다. 이 책의 각 장에서 각각의 결정에 대해 알아볼 것이다.

더 나은 내일을 만들겠어

희망에는 몇 가지 특징이 있다. 긍정심리학자 앤절라 더크워스 Angela Duckworth는 말했다. "내일은 더 나아지겠지라는 말과 더 나은 내일을 만들겠어라는 말은 다른 것이다."[22]

당신은 더 나은 변화를 만드는 방법을 배우고 싶을 것이다. 희망을 기르면 우울한 기분을 떨쳐내고 더 적극적으로 미래에 집중하게 된다. 투쟁, 도피, 경직은 지금 당장 어떻게 해야 할지 선택하는 것이다. 반면 희망은 미래를 얼마나 통제할 수 있는지를 알고 최적의 방법을 선택하는 것이다. 희망은 우울증과 같은 부정적인 감정과 불확실성을 건설적인 방향으로 바꾼다.

우울증은 만성적인 어려움에 직면했을 때, 즉 할 수 있는 게 전혀 없다고 생각할 때 나타나는 본능적인 반응이다. 우리는 포기하고 멈춘 채 조금이라도 남아 있는 것을 붙들어보려고 안간힘을 쓴다. 그리고 더 이상 긍정적인 미래를 생각하지 않는다.

부정적인 감정은 주로 현재와 과거를 끌어당기지만 희망과 마찬가지로 미래를 헤아려본다. 그러나 미래의 가능성은 종종 무시되기 일쑤다. 기분이 우울하다면 이런 반응을 보일 것이다. 귀찮게 뭐 하러? 우울증은 우리에게 미래를 위해 더 이상 에너지를 쓰지 말라고 우기기 때문이다.

희망은 다르다. 희망은 미래를 예측한다. 희망은 후퇴가 아닌 목표를 이루기 위한 방법을 본다. 우리가 어떻게 인식할 것인지, 무엇을 할지 더 나은 결정을 내린다면 희망은 우리 앞에 성큼 다가올 것이다. 당신은 화를 내고, 뒷걸음질치고, 포기할 수도 있지만, 희망을 찾을 수도 있다.

이 책을 읽고 있다면 희망을 향해 한 걸음을 뗀 것이다. 의심스러운 생각과 감정으로는 선택할 수 없다. 반면 호기심을 가지면 좀 더 쉽게 선택할 수 있다.

그렇지만 무엇보다 중요한 것은 행동이다. 의식을 했든 안 했든 일단 행동하면 가능성의 길로 들어서는 것이다. 그러면 뒤따라 다른 행동이 연쇄반응처럼 일어난다. 조금씩 유난을 떨거나 생각을 질질 끌지 않고도 긍정적인 방향으로 움직인다.

우리에게는 '자연적 자아'와 '습관적 자아'가 있다. 태어나자마자 스스로 생각하는 젖먹이는 없다. 귀찮게 뭐하러? 우리는 원래 성장하는 방법을 알고 싶어 하고, 미래를 만들어가려고 한다. 각자의 경험에 대한 해석이 사고 습관을 형성하고, 부정적 사고 습관이 굳어지면 우울한 기분에 갇히게 된다. 하지만 생각이 습관이라는 사실을 인지한다면 생각을 바꿀 수 있다.

희망은 자연적 자아, 즉 본래 존재했던 자아로 되돌아온다. 긍정 심리학 측면에서 변화는 긍정적 가능성이라는 자갈들이 무수히 깔린 경로를 따라가는 일련의 작은 발걸음이다. 희망이라는 습관을 들이면 사소하지만 긍정적인 선택을 하기가 쉬워지고, 심지어 무의식적으로 긍정적인 선택을 하기도 한다. 그것이 학습된 희망이다.

세상은 알록달록하다

스스로에 대한 믿음과 목표를 상실하면 우리는 상황을 개선하려고 시도조차 하지 않게 된다. 당신이 포기했던 시간들을 떠올려보라. 일, 관계, 혹은 당신을 곤경에 빠뜨린 상황, 그 상황의 부당함, 고통. 설령 포기하는 게 최선이었다고 해도 어쨌든 슬픔을 겪었다. 우리는 상황을 더 좋게 만들 방법이 보이지 않아서 우울해진 것이다. 부정적인 것과 불확실성이 걸림돌로만 보일 때, 우리는 계속 거기에 갇혀 기분이 우울해진다.

우리는 자신의 평가에 따라 결정을 내리는데, 사실 그 평가는 우리의 인식을 근거로 한다. 따라서 우리의 인식을 조금만 바꿔주면 다른 결정을 할 수 있다. 목표에 도달하는 방법을 수정하거나 다른 목표로 재조정할 수 있다. 부정적인 것과 불확실성이 이제 강점을 찾아 나설 때라는 신호로 보인다면 우리는 자신의 포부나 방법을 바꿀 수 있다.

이 책의 모든 장에서 당신은 인식의 전환을 요구받게 될 것이다. 프리즘을 통과하는 빛이 자연스럽게 다른 색으로 변하는 것처럼, 우리는 관점이라는 프리즘을 통해 오래된 사고 습관을 걸러낼 것이다.

다른 렌즈로 세상을 볼 때 비로소 타고난 호기심과 의지를 회복할 수 있다. 이러한 변화는 희망을 불어넣어 7가지 결정을 내리는 데 도움을 준다. 또한 희망을 얻기 위해서는 에너지가 필요하다. 그 에너지는 과연 어디에서 나올까? 당신의 눈에 잔이 반쯤 비어 있는 것으로 보인다면 열정을 찾기가 어렵다. 잔이 반쯤 찼다고 말하는 사람 역시 별로 도움이 되지 않는다. 그렇다면 진정한 변화는 어떤 것일까? 바로 잔을 다시 채울 수 있다는 사실을 깨닫는 것이다.

바버라 프레드릭슨[23]의 연구에 의하면 긍정적인 감정은 에너지를 만들어낸다. 마지막으로 콘서트에 갔던 날이나 친구들과 한바탕 크게 웃었던 때를 떠올려보자. 기분이 좋으면 에너지가 충전되기 마련이다. 우리는 긍정적인 감정으로 우리의 잔을 다시 채울 수 있다.

긍정적 정서는 프레드릭슨이 말하는 '확장 및 수립broaden and build'에 도달하고자 하는 강한 욕구를 만들어낸다. 세상을 다르게 바라보고 기꺼운 마음으로 인식을 바꾸다 보면 삶이 저절로 풍요로워지고 에너지도 생긴다. 프레드릭슨은《긍정의 발견Positivity》[24]에서 더 좋은 감정을 느끼기 위해 새로운 방식을 계속 찾아 나설 것이라고 설명했다. 우울증의 하강 나선과 대조적으로 긍정적인 마음을 불어넣고 상승 나선을 만들어낸다는 것이다.

그냥 지나쳐서는 안 되는 것

생각을 바꿔야 할 때는 반드시 긍정적인 정서가 필요하다. 그렇다면 긍정적인 정서란 어떤 것일까?

과거 : 평온, 감사, 만족, 자부심, 용서
현재 : 흥미, 기쁨, 향유, 경외감, 즐거움, 재미, 마음챙김, 친절
미래 : 희망, 낙관주의, 영감, 신념

물론 과거 현재 미래가 서로 배타적인 것은 아니다. 용서를 통해 과거의 엉킨 실타래를 풀어서 현재에 더 즐거울 수도 있다. 과거의 상처로 인해 우울하다면 현재 주변의 좋은 것들을 보지 못할 수도 있다. 반대로 낙관적으로 느끼고 있다면 미래와 더 관련이 많다고 볼 수 있다.

긍정적인 정서의 핵심은 그것들을 활성화하는 방법을 모색하는 것이다. 한번 이렇게 생각해보자. 누군가 당신에게 어떤 사람을 우울하게 만들어보라고 하면 무엇을 하겠는가? 나라면 그들을 괴롭히는 문제를 계속 되새김질하라고 말하겠다. 외딴곳에 혼자 떨어져 지내고, 끔찍한 사건 사고 뉴스를 접하며, 가능한 많이 걱정하라고 말할 것이다. 이것은 개입, 활동, 상황이 어떻게 결과를 만들어내는지를 보여준다.[25]

긍정적 개입은 우리를 기분 좋게 만들 것이고, 기분이 나아지면 더 좋은 느낌을 원하게 될 것이다. 따라서 관점의 전환은 다른 렌즈로 세상을 보는 방식을 꾸준히 찾아내는 것이다. 이런 순간순간이 모여서 자연스럽게 희망이 나타난다.

어떤 상황에서 기분이 나아지는 것도 좋지만, 희망을 기르면 삶을 살아갈 가치가 있다고 여기게 된다. 희망을 기르는 핵심은 우리가 간과해왔던 것에 주의를 기울이는 것이다. 어떤 일을 긍정적인 것으로 조작하려는 것이 아니다. 오히려 잘못된 것에 집착하는 부정편향을 균형 있게 조정하는 것이다. 우리 삶에 이미 풍부하게 존재하는 좋은 것들을 강조할 때 부정편향이 바뀔 수 있다.

우리는 늘 좋은 것들을 무심코 지나친다. 멋진 일이 일어나도 부정적인 감정에 가려지거나 당장 해야 '할 일' 때문에 제대로 즐기지 못한다. 주의를 기울이는 대상을 바꾸면 문제를 바로잡을 수 있다. 그렇게 함으로써 미래에 대한 기대감과 경험을 바꿀 수 있다.

내 삶을 좋은 이야기로 바꿔라

흐린 날 해를 찾는 것처럼 심기가 불편할 때는 긍정적인 감정을 느끼기 어렵다. 해가 없어진 건 아니지만, 하늘에 잔뜩 드리운 구름에 가려 볼 수 없다. 과거의 잘못에 집착하는 것 역시 부정적인 감정의 폭풍을 일으킬 수 있다.

이럴 때는 내 목적을 이루는 데 도움이 될 만한 자원으로 무엇이 있는지 생각해보아야 한다. 말하자면 다른 방식으로 상황을 보려고 노력하는 것이다. 폭풍우가 몰아친다면 안전하게 몸을 피할 곳을 찾는 게 급선무이다. 지금 이 순간 목적을 이루기 위한 자원을 모으는 것이 무엇보다 중요하다. 그리고 바로 그것이 우리가 익혀야 할 기술이다.

당신이 즉시 활용할 수 있는 자원을 활성화하는 것이 중요하다. 펜 역에서 노숙자에게 바이올린 연주자를 가리키며 좋은 것에 초점을 맞추도록 해준 남자처럼, 감사하는 마음은 우리의 부정적 습관을 지적해준다.

우리가 현재뿐 아니라 미래에 대해 어떻게 느끼느냐 하는 것은 생각과 행동에 영향을 미친다.[26] 저명한 심리학자 필립 짐바르도 Philip Zimbardo는 이런 관점을 재차 반복했다. "어느 누구도 과거에 일어난 일을 바꿀 수는 없습니다. 하지만 그 일을 대하는 태도와 믿음은 바꿀 수 있습니다."[27]

우리가 과거에 대해 어떻게 생각하는지, 그리고 과거를 어떻게 이야기하는지는 노벨상 수상자인 인지심리학자 대니얼 카너먼Daniel Kahnaman의 관심사이기도 하다. 카너먼은 자신의 삶을 어떻게 기억하는지가 삶의 만족에 영향을 준다고 믿는다.[28] 그는 경험과 그 경험에 대한 기억은 별개라고 말한다. 특정한 방식으로 생각하고, 행동하고, 기억하는 것은 우리의 희망, 행복, 삶의 만족도에 커다란 영향을 미친다. 삶의 경험 중에 더 좋은 것들에 집중한다면 더 도움이 될 것이다. 그렇게 되면 관점을 얼마든지 바꿀 수 있다.

희망을 채우기 위해 지금 당장 해야 할 일

어제 고마웠던 일 3가지를 적어본다

• • •

Step 1 : 어제 한 일에 대해 기억나는 것들을 모두 나열해보자. 하나도 빠트리지 말 것. 쓰레기를 내놓은 것이나 설거지와 같은 사소한 집안일이라도 남김없이 적자. 그런 다음에 이 목록을 한쪽으로 치워둔다.

Step 2 : 이번에는 새 종이에 감사의 렌즈를 끼고 같은 시기에 대해 적어보자. 지난 24시간에서 36시간 동안의 일을 생각해보고 감사한 일을 최소한 3가지 정도 떠올려보자. 구체적일수록 더 좋다. 어제 날씨가 아름다워서 감사하는 마음이 생겼다면 그것도 좋은 일이다. 바깥 날씨가 좋아서 산책하러 나갔다가 한동안 보지 못했던 친구와 우연히 마주쳤다면 훨씬 더 좋은 일이다. Step 1에서 나열하지 않은 일들을 그려보자.

Step 3 : 위의 2가지 목록을 보라. Step 1에서 떠올린 어제의 기억은 습관적 렌즈를 통해 본 무미건조한 사실이다. 첫 번째 목록은 당신의 뇌가 작동하는 전형적인 방식, 즉 부정편향을 기반으로 작성된 것이다. 그러나 Step 2에서 감사의 렌즈를 끼고 돌아본 그날은 긍정적으로 채색되었다. 그저 그런 날은 좀 더 좋아지고, 좋은 날은 더 좋아질 수 있다. 하루가 어떻게 바뀌었는지 알겠는가?

감사의 렌즈를 끼자 하루가 다르게 보였다. 이제 당신은 분명히 알게 되었다. 일단 긍정적인 것을 인식하면, 토끼를 보라고 했을 때 더 이상 오리만 보이지 않은 것과 같은 방식으로 인식이 바뀐다.

좋은 날이 더 좋아지도록

"네가 가진 것에 감사할 줄 알아라"라는 말의 효과는 과학적으로도 증명되었다. 왜냐하면 좋은 일에 집중하고, 인정하며, 음미할 때 우리의 뇌 구조가 바뀌기 때문이다. 이렇듯 뇌가 변화하는 능력을 신경가소성neuroplasticity이라고 부른다.[29]

사건을 다르게 회상하면 기억을 바꾸는 것은 물론 기억을 저장하는 뇌 구조 자체를 바꿀 수 있다고 한다.[30] 감사의 렌즈를 통해 사물을 보는 행위 자체가 우리를 변화시킨다는 것이다. 그러므로 좋은 일에 관심을 기울이면 어려운 일을 극복하는 데 도움이 된다.[31]

우리 뇌가 사물을 다르게 볼 수 있다는 것을 알게 되면, 어떤 개입 없이도 스스로 긍정성에 더 관심을 두게 된다. 어제 한 일을 기록한 목록을 다시 들여다보면 새로운 가능성이 눈에 들어올 것이다. 부정적인 일들을 좀 더 관대한 렌즈로 바라보았을 수도 있다. 그렇게 하다 보니 긍정적 경험이 한층 더 많아졌을지도 모른다.

뭐 하나 제대로 풀리지 않은 하루였다면 이 연습으로 기분 좋은 기억을 남겼을지도 모른다. 반면 기분 좋은 하루였다면 그날 하루를 음미하면서 좋은 감정이 더욱 커졌을 것이다. 어느 쪽이든 삶에서 이미 누리고 있는 것에 감사하는 마음은 긍정적인 방향으로 바꿔준다.

그날 하루에 대한 기분이 당장 바뀌지는 않았더라도 뇌는 변화하기 시작했을 것이다. 처음에는 의도적으로 감사하는 마음을 가지고 주변을 바라보는 훈련을 해야 한다. 일부 긍정심리학자들은 이러한 행위를 '좋은 것 찾기hunting the good'라고 불렀다.

우리 뇌에는 일종의 디폴트 모드가 있어서 일반적으로 가장 마지막에 했던 일을 생각하고 행한다. 뇌의 디폴트를 바꾸기 위해 노력해야 한다. 인식이 변해야 뇌의 디폴트도 바뀌는 것이다. 대상을 바라보는 방식이 바뀌면 우리도 변한다.

좋은 것들은 우리 주변에 널려 있다. 그런데도 당신은 이제야 본 것이다. 같은 하루라도 바라보는 방식을 바꾸니 새롭게 보이기 시작한 것이다. 그런데 이 사실이 희망에 대한 새로운 오해를 불러일으킨다. 희망이 인위적으로 만들어졌다는 것이다.

희망을 품는 것은 우리가 믿는 대상을 바꾸는 것이다.

아니다. 희망은 신념에 의해 만들어지는 것이다.

희망의 근거는 우리의 경험 속에 항상 있다.[32] 바로 이것이 일상에 감사하는 훈련이 필요한 이유다. 건강과 웰빙을 위해 의도적으로 감사하는 훈련을 해야 한다. 과거의 사건을 대하는 방식을 바꾸면 현재와 미래의 자신에게 도움이 된다. 감사하는 마음은 어제의 기억을 바꾸는 데 그치지 않고 현재의 기분도 변화시킨다.

자아성찰적 감사reflective gratitude에 관한 연구에서 참여자들은 우리가 방금 경험했던 것처럼 삶이 훨씬 더 긍정적으로 변했다고 전했다.[33] 감사의 렌즈를 끼고 하루를 관찰한 보상치고는 꽤 괜찮지 않은가?

긍정적인 감정은 뇌와 몸의 화학작용을 변화시킨다는 것이 연구 결과로 밝혀졌다.[34] 우리의 감정, 뇌, 관점을 바꾸기 위해 날마다 더 많은 긍정적 감정에 불을 비춰야 한다. 누구나 그렇게 할 수 있다. 성찰을 통해, 또는 일기를 쓰는 것만으로도 감사하는 마음이 우러 날 수 있다. 여기서 끝이 아니다. 감사하는 마음을 더욱 깊이 느끼 는 방법 중에 하나가 다른 사람에게 이야기하는 것이다.

희망을 채우기 위해 지금 당장 해야 할 일

고마운 사람들 떠올리기

● ● ●

원래 사람들은 자신에게 일어난 좋은 일들을 다른 사람에게 이야기하는 것 을 즐거워한다. 바로 그런 소통이 상승 나선을 불러온다. 심지어 계속 감사 한 마음을 나눌 파트너를 찾기도 한다. 다른 사람들과 감사하는 마음을 나누 는 단순한 소통 행위가 엄청난 활력을 불어넣는다.

고마움을 나누는 또 다른 방법은 누군가에게 감사의 편지를 쓰는 것이다.[35] 그러기 위해서는 감사하는 마음을 불러일으키고, 그 마음을 글로 써서 전달 할 사건이나 행동이 있어야 한다. 감사한 일들을 떠올려보고 노트에 적어 전화를 걸거나 혹은 집 앞에 가서 문을 두드려보라. 이것은 모든 사람들의 건강과 웰빙을 위해 우리가 할 수 있는 최선의 방법이다.[36]

　지금까지 우리는 감정의 밑바탕을 파헤쳐보았다. 이제 그 토대 위에 희망을 세울 준비가 되었는가? 앞으로 이야기할 7가지는 삶을 바라보는 방식을 개선하기 위해 우리가 선택할 수 있는 것들이다. 바로 희망을 만들어내는 것이다. 어떤 선택의 여지도 없다고 속삭이는 낡은 사고방식의 속임수에도 우리는 선택한다.

　미국의 심리학자 윌리엄 제임스William James는 "당신이 선택을 해야 하는 상황에서 선택하지 않는다 하더라도 그것 자체로 선택이다"라고 말했다. 건강과 웰빙을 위한 당신의 의도적인 선택은 강력한 힘을 발휘한다. 희망은 훨씬 더 가까이 있기 때문이다.

2장

삶을 조금
말랑말랑하게 만들기

한계를 뛰어넘을 수 있다는 가능성 발견하기

우리는 사물에 주의를 기울이는 방식에 따라 어떤 우주에 사는 것처럼 보일지 선택한다.
- 윌리엄 제임스

첫 상담에서 스테이시는 내내 울었다. 고개를 흔들며 눈물을 흘렸다. "어떻게 이런 일이 일어날 수 있죠?" 마흔두 살인 그녀는 이번 상담이 처음이라고 했다.

마침내 그녀가 입을 열었다. 스테이시의 남편 톰은 변호사다. 그녀는 초등학교 4학년 학생들을 가르치는 교사이며 슬하에 열여섯 살 아들과 열두 살 딸이 있다. 그들 가족은 친척들과 함께 휴일을 보냈고, 근처에는 좋은 친구들이 있었으며, 마지막 가족 휴가로 디즈니 월드를 다녀왔다. 모든 면에서 순조로운 삶을 살았다. 스테이시가 톰의 컴퓨터에 있는 업무 달력을 보기 전까지는. 남편의 온라인 일기에는 비밀이 담겨 있었다. 남편은 바람을 피우고 있었던 것이다. 그것도 2년 전부터 말이다.

스테이시는 가슴이 찢어지고 화가 치밀어 올랐으며 혼란스러웠다. 그리고 무엇보다 슬펐다. 얼굴을 닦은 티슈는 마스카라로 얼룩져 있었다. 눈이 마주치자 스테이시가 물었다.

"이제 어떻게 해야 하나요?"

"지금 여기에 있잖아요. 당분간은 그게 최선입니다."

"그렇지만 톰은 변호사예요. 이혼 과정에서 나한테 재정적으로 타격을 줄 거예요. 누가 마흔두 살에 벌어놓은 돈 한 푼 없이 애 둘 딸린 여자를 만나겠어요?"

마지막으로 무슨 말을 할지는 듣기도 전에 예상할 수 있었다.

"나는 더 이상 희망이 없어요."

스테이시는 자신의 상황이 바뀌지 않을 것이고, 부정적인 앞날을 피할 수 없다고 믿었다. 상담 첫날 그녀의 태도는 이른바 고정된 믿음을 여실히 보여주었다. 상황이 고정불변, 즉 '고정된' 상태라고 딱 못을 박아버리면 동기가 생길 수 없다. 미래를 이렇게 저렇게 가늠해보고 어떤 계획도 소용없다고 판단해버린다. 가야 할 길이 보이지 않으니 앞으로 나아갈 동기를 찾기가 어렵다. 상황이 바뀔 것이라는 믿음이 없으니 굳이 변화를 모색할 엄두조차 나지 않는다. 희망이 없다는 것, 더구나 아무런 힘이 없다고 생각하는 순간 거짓된 안도감이 찾아온다.

비슷한 상실을 경험하고 다른 반응을 보이는 사람도 있다. 역시나 교사인 지니도 내담자 중 한 명이었다. 스테이시와 마찬가지로 1년 전 금융 컨설턴트인 남편의 외도를 알게 되었다. 그녀의 아들과 딸이 스테이시의 자녀들보다 조금 더 어리다는 것 말고는 처한 환경과 상황이 판박이였다. 지니 역시 첫 상담에서 눈물범벅이었다. 하지만 "난 이제 어떻게 해야 하나요?"라고 묻지는 않았다. 그 대신 그녀는 이렇게 말했다.

"앞으로 어떻게 해야 할지 생각해봐야겠어요."

지니의 말 속에는 희망의 핵심 도구가 있었다. 상황이 변하지 않을 것이라는 스테이시의 고정된 믿음과 비교했을 때 가장 두드러진 차이점은 지니에게는 더 좋은 미래를 만들 가능성을 찾아보겠다는 의지가 있었다는 점이다.

스테이시와 지니 모두 불확실한 미래에 직면해 있었다. 둘 다 남편의 불륜을 알게 된 후 삶에 대한 확신이 산산조각 난 상태였다. 일단 방향을 잃고 절망적인 현실에 갇혀 있는 스테이시는 희망의 가능성에 도달하는 것이 치료의 첫 번째 목표였다.

반면 지니는 다른 지점에서 치료를 시작해야 했다. "앞으로 어떻게 해야 할지 알아봐야겠어요"라는 그녀의 말에는 스테이시의 "난 이제 어떻게 해야 하나요?"라는 질문에는 없는 2가지 요소가 담겨 있었다.

1. 방향 : 현재 지니는 미래를 바라보고 있다.

2. 의지 : 지니는 자신이 스스로 선택하고 행동할 수 있다는 것을 안다.

스테이시와 지니는 미래에 대해 각기 다른 믿음을 가지고 있었다. 지니의 말은 희망을 불러일으킨다. 스스로 미래를 만들어갈 수 있다는 믿음이 동기의 불꽃을 일으키고, 다음과 같은 질문을 하게 한다. 다음에 무슨 일이 일어날까? 우리에게는 어떤 지원이 필요할까? 앞으로 어떤 일이 일어날지 모르지만 어쨌든 계속 나아가야 한다.

삶은 원래 말랑말랑하다

사람은 한 가지 믿음을 고집하면서 사고방식이 형성된다. 고착형 사고방식을 고집하면 한계에 이르지만 성장형 사고방식을 가지면 가능성을 믿게 된다. 스테이시처럼 고착형 사고방식을 가지고 있다면 자신의 능력을 콘크리트처럼 딱딱하게 굳어진 것으로 본다. 지니와 같은 성장형 사고방식에서는 능력이 진흙과 같아서 얼마든지 만들어나갈 수 있다. 두 사람의 다른 사고방식은 미래에 대해 말할 때 확연히 드러난다. 어떤 일이 일어나길 기대한다는 말에는 분명 힘이 있다.

캐럴 드웩Carol Dweck과 동료의 연구에 따르면[37] 고착형 사고방식은 한계와 부정적 해석, 문제에 초점을 맞춘다. 성장형 사고방식은 가능성, 그리고 자신의 재능이나 능력을 키울 수 있다는 믿음에 초점을 맞춰 개선하려고 노력한다.

또 하나는 우리의 사고방식이 긍정적 또는 부정적 관점을 결정한다는 것이다. 우리가 어디에 관심을 집중하는지에 따라 성공이 결정된다. 한계, 부정적 해석, 문제에 초점을 맞추면 자신이 처한 상황이 바뀌지 않을 것이라는 믿음이 생긴다. 가능성을 바라보면 자신의 능력과 재능으로 실현할 수 있다고 생각하게 된다. 바로 이것이 희망이 우리 삶에 미치는 힘이다.

진흙 놀이처럼 삶의 모양 바꾸기

상황을 변화시키지 않기로 결정한다는 것은 그 상황을 받아들이겠다는 뜻이다. 갇힌 듯한 기분과 우울증을 느낀다면 이런 상태를 계속 유지하고 있는 것이다. 뇌는 변화할 수 있지만 우리가 다르게 행동하지 않는 한 익숙한 일을 계속할 뿐이다.

상황이 바뀌지 않을 거라고 생각하면 해봐야 아무 소용이 없을 것이라고 단정을 지어버린다. 가능성을 찾지 않는 사람의 눈에 가능성이 보일 리 없다. 우리를 옴짝달싹하지 못하게 만드는 생각을 바꾸지 않으면 긍정적인 힘을 발휘할 수 없다.

가능성을 탐색하고 우리의 감정을 조금이라도 바꿀 수 있다면 더 나은 결정을 내릴 수 있고, 기분이 나아질 것이다. 이런 결정을 통해 '높은 희망high-hope'에 이를 수 있다. 그 감정이 우리를 상승 나선으로 옮겨놓기 때문이다. 익숙하지 않은 새로운 관점을 선택하는 것은 우울과 불안, 외로움을 극복하는 초석이 된다.

미래에 대한 가능성을 생각할 때 희망이 생긴다.[38] 잠재력은 아직 나타나지 않은 동기의 원천이 되는 것이다.

1분만 나를 생각하기

무언가로부터 위협을 받는 상황에서는 정상적인 상태를 유지할 수 없다. 당연히 안전한 쪽으로 움직이고, 생존 가능성만을 생각하게 된다. 우리를 위협하는 존재가 무엇이든 그것과 맞먹는 강력한 자기 보호 반응을 끌어내는 것이다. 그러나 안타깝게도 우리는 잠재적 위협이나 상상 속의 위협에도 실제인 것처럼 반응하는 경향이 있다.

흔히 자신의 상황을 상상해보고 행동 방식을 결정하므로 자신을 보호하고자 하는 생존 모드에서 헤어나지 못하는 것이다. 아니면 앞으로 나아가기 위해 긍정적인 선택을 하거나. 그렇기에 상상력을 해결책으로 활용할 수도 있다. 긍정적 가능성을 상상함으로써 현재와 다가올 미래에 대한 감정을 모두 바꿀 수 있는 것이다.

좀 더 낙관적인 사람이 되려면 더욱 긍정적인 결과를 상상하면서 부정적인 생각과 맞서 싸워야 한다. 당신이 꿈꾸던 미래는 현실이 되고, 당신은 바로 그것을 향해 움직일 것이다. 피터 드러커Peter Drucker가 말했듯이 "미래를 예측하는 최고의 방법은 미래를 창조하는 것이다."[39]

긍정적인 미래를 그리는 것과 그것을 실현하기 위한 동기를 느끼는 것 사이의 연결 고리가 우리를 꼼짝 못 하게 만드는 우울증의 하강 나선에서 상승 나선으로 바꿔주는 것이다.《월든The Walden》의 저자 헨리 데이비드 소로는 이렇게 충고했다. "꿈이 이끄는 방향으로 당당히 나아가고, 자신이 상상하던 삶을 살려고 노력한다면, 예기치 못한 성공을 만나게 될 것이다."[40]

연구자들은 그의 말이 옳았음을 밝혀냈다.[41] 3분에서 5분 동안 '가능한 최상의 자신best possible self'을 상상하고 자기 생각을 적어놓은 사람들이 긍정적인 감정을 많이 느꼈다고 한다. 긍정적 미래를 상상하는 것이 실제로 긍정적 미래에 대한 기대치를 높일 수 있다는 것이다.

미래를 위해 기꺼이 1분을 투자할 의향이 있는가? 로라 킹Laura King은 '가능한 최상의 자신'을 구현하는 방법을 개발했다. 나는 여러 강력한 효과가 입증된[42] 이 방법에 새로운 요소를 추가했다. 그것은 당신이 그리는 미래의 모습을 사진으로 담아보는 것이다.

가장 멋진 모습으로 셀카 찍기

• • •

당신의 미래를 생각해보라. 미래에 당신은 최상의 성과를 거둔다. 직업, 창의적인 노력, 학업, 사랑, 관계, 취미, 건강 등 모든 것에 대해 생각해보자. 모든 분야에서 가능한 최상의 미래를 그려보자. 가장 잘 풀렸을 때를 상상해보라. 이제 다음 단계를 따라가 보자.

Step 1: 모든 것을 적어라. 미래에 펼쳐질 최상의 삶을 적다 보면 어떤 어려움이나 좌절, 또는 장애물이 떠올라 잠시 딴 길로 샐 수도 있다. 그러나 이 연습은 과거가 아닌 오로지 미래에 집중하는 것이다. 당신 앞에 더 밝은 미래가 펼쳐지는 상황을 상상해보라. 당신은 최상의 모습을 하고 있다. 그 모든 일이 이미 일어난 것처럼 미래의 가능성을 써 내려가자. "주택 대출금을 갚을 거야"라고 쓰는 대신 "대출금을 다 갚고, 친구들과 축하 파티를 열었다"고 적어보자.

한계를 두지 말고 구체적으로 적어라. 감사 연습을 할 때와 마찬가지로 모호한 것보다 구체적인 예를 드는 것이 더 효과적이다. "더 나은 일자리를 구했다"고 쓰기보다 "성취감도 얻고 수입도 좋은 일을 찾았다"고 써보자. 그렇다고 지나치게 구체적으로 말하다 보면

범위가 너무 좁혀진다. 예컨대 "빌은 나와 사랑에 빠졌다"고 쓰지 말고 이렇게 써보자. "나는 나와 잘 맞는 상대와 함께 있고, 사랑에 빠져 있으며, 함께하는 매 순간이 즐겁다." 당신은 '무엇인지'를 찾고 있는 것이지 '어떻게'와 '누구'인지를 구별하는 게 아니다. 일등석을 타고 있는 모습을 그릴 때 굳이 항공사까지 생각할 필요 없다는 뜻이다.

창의적으로 생각하라. 문법이나 철자에 신경 쓰지 말자. 완벽한 문장이 아니어도 좋다. 상상력을 십분 발휘해서 자신이 어떤 모습인지, 그리고 되고 싶은 모습을 그려본다. 자신을 창조하는 과정을 맘껏 즐기자.

Step 2 : 상상한 자신의 모습을 묘사하여 셀카를 만들어보자. 잡지에서 여러 이미지와 헤드라인들을 찢고 크레용을 손에 쥐어보자. 카탈로그에서 모델도 찾아보고, 웹사이트에서 이것저것 다운로드해보자. 나의 영웅 중 한 명은 훌륭한 신경학자이자 작가인 올리버 색스다. 내게 영감을 불어넣는 올리버 색스의 사진을 찾아내 포토샵으로 그의 얼굴 위에 내 얼굴을 삽입했다. 이것은 어디까지나 당신을 위한 것이다. 그러니 당신이 공감할 수 있는 것으로 만들면 된다.

Step 3 : 당신이 만든 이미지를 가장 좋은 장소에 보관하라. 사진을 찍어 휴대전화 배경 화면으로 사용해도 좋고, 냉장고에 붙이거나 액자에 넣어 침실에 놓아두어도 좋다. 회사에 둬도 된다. 어디든 눈에 잘 띄는 곳에 두면 된다.

상황이 진전됨에 따라 이미지를 추가하는데, 시간에 얽매이지 않아도 된다. 희망을 길러서 활용하는 것이 가장 중요하다. 성취를 명확하게 드러내는 이미지가 목표를 달성하는 데 도움을 주는 것이 이른바 프라이밍 효과supraliminal priming(시간적으로 먼저 떠오른 개념이 이후에 제시되는 자극을 해석하는 데 영향을 미치는 현상)이다.

타냐 빕Tanja Bipp과 동료들의 연구에서 성취 관련 이미지의 노출로 학업적 성공을 예측했는데, 어려운 목표를 극복한 이미지일수록 훨씬 더 큰 성공을 거뒀음이 밝혀졌다.[43]

이 연습을 하면 당신의 꿈에 초점을 맞춰 목표를 이루기 위해 노력할 수 있다. 미국의 래퍼이자 배우 겸 기업가인 LL 쿨 J는 "DDHD, 즉 꿈에는 마감일이 없다Dreams Don't Have Deadlines"라고 말했다.

꿈꾸는 데는 마감기한이 없다

부정적 감정을 바꿔 긍정적 감정을 기르는 것은 강점을 키우는 방법과 같다. 긍정적 감정을 키워서 희망을 만들고 활성화하여 한층 더 높은 희망을 불러일으킬 수 있다. 이것이 희망의 작동 방식이다.

희망은 긍정적 습관의 부산물이다. 더 큰 희망이 자라나기를 기다리기만 해서는 목표를 이룰 수 없다. 희망을 만들기 위해 노력해야 한다. 좀 더 긍정적인 쪽으로 관심을 기울이면 그것이 우리를 변화시킨다. 관심의 대상을 바꿈으로써 희망적인 태도를 몸에 익히는 것이다.

희망을 제한하는 것은 우울한 감정을 느낄 때 습관적으로 바라보던 관점이다. 이런 관점은 바뀔 수 있다. 이런 제한적 관점은 고정불변이 아니다. 따라서 관점을 바꿔야 한다.

제한적 결정 → 관점의 변화 → 희망적 결정

관점을 바꾸면 우리가 선택한 목표는 희망이 우리 삶에 미친 영향을 재는 척도가 된다. 6장에서 다루게 될 성장형 사고방식과 긍정성에 맞게 조정한 올바른 목표가 우리의 의지력을 지탱한다. 세부적인 작은 목표가 더 크고 포괄적인 목표보다 건강과 행복에 더 큰 영향을 미친다. 우리에게 정기적인 피드백과 격려를 해주기 때문이다. 목표를 달성할 수 있다는 믿음은 지속적인 희망을 만들어내고, 이것은 우리가 목적과 의미를 찾는 데 도움을 준다.

너무 쉽거나 너무 어려울 때

희망 뒤에 숨은 힘은 놀랍게도 불확실성이다. 처음에는 구체적인 목표라도 너무 쉽거나 또한 반대로 불가능하면 희망을 불러일으킬 수 없다고 생각했다. 하지만 높은 희망을 가진 사람들이 타고난 도전의식을 불러일으켜 쉬운 목표를 더 어렵게 만드는 경향이 있다는 사실을 발견했다. 지미 헨드릭스가 자신의 치아나 등으로 기타를 치는 모습, 펀치를 날리기 전 팔을 감아올리는 무하마드 알리를 떠올려보라.

어떤 사람은 쉬운 도전을 일부러 더 어렵게 만들어서 전투력을 높인다. 너무 쉬운 도전에는 희망이 생기지 않기 때문이다. 아이들이 게임하는 모습을 보자. 단계를 하나씩 정복할 때마다 아이들은 게임을 더 어렵게 구성해서 흥미진진하게 만들어간다.

당신의 끈기와 결단이 효과를 나타내기 시작하면 손에 닿지 않을 것만 같았던 목표들이 활성제가 될 것이다. 상상력이 부족하다는 이유로 캔자스시티 스타The Kansas City Star에서 해고되었던 월트 디즈니. 출판되기 전 무려 세 번이나 거절당한 스티븐 킹의《캐리Carrie》, 둔하고 멍청하다는 이유로 TV 뉴스 진행자에서 해고되었던 오프라 윈프리. 고전이 되기 전 무려 121번이나 출판을 거절당했던 로버트 M. 피어시그의 《선과 모터사이클 관리술Zen and the Art of Motorcycle Maintenance》이나, 출판 전 열두 번 거절당했던 《해리 포터와 마법사의 돌》은 또 어떤가. J. K. 롤링은 "생업을 포기할 수 없어서"라고 말했다.

우리는 어떤 일이 너무 쉽거나 또는 너무 어려울 때 불확실성을 느낀다. 불확실성이 자기조절self-regulation 능력을 촉진하기 때문이다. 불확실할수록 상황을 순조롭게 만들고 싶은 욕구가 생긴다. 성공할 수 없다고 확신하는 순간 불확실성이 사라져버리기 때문에 고정된 사고방식은 희망을 차단해버린다. 한편 가능성을 수용함으로써 신념에 도전하는 것은 우리의 관점에 대한 의심을 불러일으키고, 그런 과정에서 불확실성을 느끼게 된다. 이때가 바로 미래에 대한 우리의 제한적 신념이 희망으로 바뀌는 순간이다.

누군가 내 어깨를 두드려주기를

데카르트의 유명한 격언 "나는 생각한다, 고로 존재한다"의 정확한 표현은 "나는 의심한다, 그러므로 나는 생각한다, 고로 나는 존재한다"라고 한다.[44] 인간은 본질적으로 의심과 불확실성을 가지고 있다는 것이다.

이혼 후 나는 절망감을 느꼈고 더 이상 내가 할 수 있는 일이 없다고 생각했다. 나는 희망이 나를 찾아오기를 바랐다. 때가 되면 희망이 내게 다가와 어깨를 두드려줄 거라고 믿었다. 하지만 그런 일은 일어나지 않았다. 그러나 희망이 나타나게 할 수 있음을 깨달았다.

희망이 오길 기다리는가? 그렇다면 이제 다른 결정을 내릴 때가 왔다. 희망은 가능한 일을 통제할 때의 인식과 깊은 관련이 있다. 불확실한 상황에서 우리는 통제할 수 있는 것이 무엇인지부터 생각해본다. 통제할 수 있는 것은 조치를 취할 수 있는 일이다. 희망은 향후 어떻게 될지를 예측하는 것이다. 우리는 이 신념을 선택한다. 그리고 힘을 모은다.

바닥만 내려다보면 벽에 걸린 작품을 어떻게 감상할 수 있겠는가! 어려운 부분에 초점을 맞추면 어려울 수밖에 없다. 의도적으로라도 좋은 것을 보려고 하지 않으면 늘 하던 익숙한 일이 디폴트가 될 것이다. 우리의 사고방식이 부정적인 경험에 고정되어 있으니 우리 눈에 부정적인 것만 보이고, 부정적인 감정을 느끼며, 부정적인 반응을 하게 될 것이다.

우리의 디폴트 인식은 의도적으로 바꿔야 한다. 고정된 사고방식을 버리기로 마음먹어야 한다. 더 나은 것을 선택하지 않겠다는 것은 현상을 유지하겠다는 것과 같다.

TV 채널을 바꾸거나 다른 영화관에 가는 것처럼 어떤 인식에 초점을 맞출지 결정하는 것은 간단한 일이다. 채널이나 영화에 따라 보는 것이 달라지듯이 우리가 집중하고 있는 것이 바로 우리가 생각하는 것이다. 희망을 가지고 싶다면 우리의 인식을 무기력하거나 지나치게 우울한 채널 말고 희망 채널에 맞춰야 한다.

우리는 새로운 사고의 패턴과 기억이 형성될 때까지 꾸준히 인식을 바꿔서 뇌의 디폴트 설정을 바꿀 수 있다. 희망 채널에 맞추도록 뇌를 훈련할 수 있다. 긍정적인 선택을 하고 작은 행동을 반복하는 가운데 희망이 자라나는 것이다.

포춘 쿠키 속에 들어 있는 희망

때로는 자신의 능력에 한계를 정한다는 것을 다른 사람들이 더 쉽게 알아차리곤 한다. 한 지역 전문대학에서 영어를 가르치는 지역신문 기자 잭은 그의 담당 치료사의 소개로 내 심리치료 그룹에 들어왔다. 첫 상담에서 잭은 여러 번 실패한 관계에 대해 한탄을 쏟아냈다.

잭은 유행이 한참 지난 스니커즈에 지저분하고 주름진 셔츠 차림으로 협수룩한 수염을 자랑스럽게 기르고는 내 상담실에 불쾌한 냄새를 풍겼다. 그가 대학에서 학생들을 가르칠 예정이라고 말했을 때, 학생들과 동료 교수들에게 어떤 인상을 풍길지 충분히 예상할 수 있었다. '난 남의 시선 따위 연연하지 않아.' 그리고 나는 이렇게 생각했다. '깔끔함과는 거리가 먼 남자와 누가 데이트를 하려고 할까?'

잭은 상담 내내 자신이 응당 있어야 할 자리에 있지 못한 것에 대해 불만을 늘어놓았다. 그는 성공적인 작가, 대학의 전임교수, 사랑스럽고 자신을 지지해주는 여자와 결혼하는 삶을 그려왔다. 그러나 잭에게 그런 일은 일어나지 않았다.

그는 자신의 우울한 기분을 설명하고는 마지막 몇 번의 연애 이야기를 풀어놓았다. 전부 다 마지막은 이렇게 끝맺었다. "그녀가 왜 날 떠났는지 모르겠어요." 자신이 그들을 밀어낸 장본인이라는 것을 전혀 인식하지 못한 채 스스로 비참함에 빠졌다. 그는 인식을 바꾸는 일이 절실했다.

내가 말했다.

"당신은 나름의 방식으로 삶을 바라보고 있어요. 그런데 변화가 일어나려면 스스로 도전할 용기가 필요할 겁니다."

"말이야 쉽죠."

잭이 대답했다.

내가 상담실에 걸려 있는 《노인과 바다》에 나오는 짧은 인용문을 가리키자 잭은 소리 내어 읽었다.

"지금은 당신이 가지고 있지 않은 것을 생각할 때가 아니다. 지금 있는 것으로 무엇을 할 수 있을지 생각해보라."

잭이 거드럭거리며 말했다.

"무슨 포춘 쿠키에 적힌 글귀 같네요. 진짜 그 책에 그렇게 적혀 있어요?"

"그 밑에 작가 이름이 있어요."

내가 말했다.

잭은 실눈을 뜨고 보다가 아예 자리에서 일어나 인용문 앞까지 갔다. 잭이 구부정하게 어깨를 구부리고 손은 주머니에 찔러 넣은 채 인용문 밑에 있는 이름을 흘끗 쳐다보았다. 잭은 그제야 고개를 끄덕이며 중얼거렸다.

"헤밍웨이구나."

잭은 자신의 유아독존적 태도와 행동이 성공을 방해한다는 사실을 깨달아야 했다. 원래 자기 눈으로는 자신의 모습을 볼 수 없지만 다른 사람들은 쉽게 볼 수 있다. 잭은 자신에 대한 기대, 그리고 그 기대치에 맞지 않는 행동을 인식하지 못했기에 매 순간 자신을 구덩이에 빠트렸다. 잭은 자신의 재능과 강점이 아니라 자신이 가지지 못한 것에 집중했다. 그래서 자신이 가진 것을 이용할 수 없었다. 당신도 비슷한 상황에 직면해 있는가?

우리 모두는 역설적이고, 모순적이며, 부조리와 갈등이 난무하는 세상에 살고 있다. 아래가 없으면 위가 존재하지 않는 법이다. 패자 없이 승자도 없고, 배신 없이 신뢰가 있을 수 없으며, 무관심 없이 사랑이 존재하지 않는다. 그럼에도 세계 최고의 드라마 치료사 로버트 랜드리Robert Landry는 우리가 종종 맡는 역할에서 양면성을 발견했다. 로버트는 세계에서 가장 유명한 말이 "사느냐 죽느냐"라고 했다.[45] 이 말보다 양면적인 것이 또 있을까?

이러한 양면성 때문에 우리는 항상 어떤 결정을 내리기 위해 애써야 한다. 우리의 감정도 마찬가지다. 하지만 우리는 감정을 선택할 수 없다고 생각한다. 처음에는 그럴지도 모른다. 하지만 그 감정을 계속 가질지는 선택할 수 있다. 우리는 대부분 고정 렌즈를 통해 끊임없이 어떤 감정을 느낄지 선택하고 있다. 어떤 감정을 느낄지 선택하는 데는 종종 인식 밖의 존재들이 큰 영향을 미친다.

희망을 채우기 위해 지금 당장 해야 할 일

좋아하지 않는 사람들 떠올리기

• • •

당신이 아는 사람이든 모르는 사람이든, 무조건 좋아하지 않는 사람에 대해 생각해보자. 비열한 사람이거나 혹은 심지어 증오하는 사람이어도 된다.

Step 1: 그들이 누구인지 적고, 싫은 점을 모조리 나열하라. 잘난 척하는 사람들인가? 자기밖에 모르는가? 무례한가? 의리가 없는가? 정직하지 못한가? 어떤 것이든 그들을 싫어하는 이유를 생각해보고 가능한 길게 목록을 적어보자.

Step 2: 싫어하는 사람을 시각화하고 어떤 감정이 드는지 집중해본다. 당신의 감정에 주목하고 생각에 귀를 기울이자.

Step 3: 목록을 보라. 당신과 정반대되는 사람의 모습은 아닌지 잘 생각해보자. 당신은 절대 되고 싶지 않은 사람의 모습이 빼곡하게 담긴 카탈로그를 만들었다.

누군가에 대해 싫어하는 점이 우리가 결코 되고 싶지 않은 모습과 정확하게 일치한다. 누군가는 당신이 떠올린 그 사람을 그저 멋쟁이라고 생각할지도 모른다. 실제로 그 사람이 어떤 사람인지는 당신이 느낀 감정과 상관없다. 당신의 감정은 그 사람의 어떤 모습을 보고 반응한 것이다. 이 사람에 대한 감정은 지금까지는 의식조차 하지 않았을 당신의 성격에 따라 나타난 것이다.

다시 말하면 당신의 부정적 감정들은 내적 감정을 투사한 것이다. 영화관의 영사기를 떠올려보자. 빛 앞에 공포영화를 놓으면 인생이라는 스크린 위에 공포영화가 펼쳐진다. 옳지 않은 것, 가지고 있지 않은 것, 잘못된 것에 초점을 맞추면 공포영화를 선택하고는 화를 내면서 영화를 비난하는 것과 같다. 그 영화가 마음에 들지 않으면 바꾸면 그만이다. 감정은 내면에서 나오는 것이지 외부에서 생겨나는 것이 아니다. 여기 또 하나의 선택이 있다. 긍정성을 증진하기 위한 훈련에서 묻는다. "이런 결정이 도움을 주고 있나요?"

매일 10분만 사랑하라

호흡과 심박수의 비율을 결정하는 미주신경긴장도$^{vagal\ tone}$는 당신의 몸이 얼마나 건강한지를 나타내는 척도이다. 건강한 미주신경긴장도는 숨을 들이쉴 때 심박수가 약간 증가하고 숨을 내쉴 때 심박수가 감소하는 것으로 나타난다. 보통 조건이 바뀔 때 평균 심박수를 측정한다. 미주신경긴장도는 사회적 연결성 및 심리적 웰빙과도 직접적으로 연결된 자율신경계의 유연성을 보여주는 지표다.

연구에 따르면 이런 생물학적 유연성이 개개인의 사회적, 정서적 경험을 최대한 활용하는 것과 관련이 있다고 한다. 말하자면 미주신경긴장도가 높은 사람은 상승 나선을 쉽게 만들 수 있다. 미주신경긴장도가 낮은 사람들은 이런 기회를 얻지 못하고 사회적 장점도 활용하지 못한다. 외로울 때는 관계 맺기를 통해 발현되는 잠

재력을 이용하지 못한다.[46]

　당신은 미주신경긴장도가 높든 낮든 인생 전반에 걸쳐 키보다도 변수가 되지 않을 거라고 생각했을 것이다. 미주신경긴장도가 높다면 좋은 면역체계를 갖고 원만한 인간관계를 맺으며 더 사랑스럽고 행복할 것이다. 또한 다양한 감정, 행동, 주의를 더욱 확실하게 관리했을 것이다.

　예를 들어 마음을 가라앉혀야 할 때는 심호흡을 하고 천천히 길게 숨을 내쉬는 것이 좋다. 심장이 우리 뇌에 연결해주는 미주신경을 자극해서 더욱 평온해지도록 도와주기 때문이다. 반면 미주신경긴장도가 낮으면 염증, 불안, 우울증, 외로움 및 심장마비를 일으킬 가능성이 있다.

　베서니 콕Bethany Kok과 바버라 프레드릭슨은 우리 스스로 미주신경긴장도를 바꿀 수 있다는 것을 보여주었다.[47] 그들은 실험 참여자들이 하루에 10분씩 두 달간 자신이 사랑하는(그리고 자신을 사랑하는) 사람들을 생각했을 때 미주신경긴장도가 변화했다고 설명했다. 자발적 사랑에 의해서도 긍정성과 신체적 건강과 행복을 상당히 변화시킬 수 있다는 것을 증명했다. 단순히 생각을 바꾸는 것만으로도 생리화학적 변화가 일어난다는 것이다.

좋아하는 사람 3명을 적어보라

• • •

이것을 더 깊이 이해하기 위해 우리 몸과 감정, 그리고 생각의 초점을 바꿀 때 어떤 변화가 일어나는지 경험해보자.

Step 1 : 당신이 높이 평가하는 사람을 3명만 적어보자. 아는 사람도 좋고 모르는 사람이라도 괜찮다. 그리고 스스로에게 물어보라. 그들의 공통점은 무엇인가? 당신이 존경하는 사람들은 무엇이 비슷한가? 딱 겹치는 부분, 즉 그들 사이의 공통분모를 찾아보라.

Step 2 : 그들의 공통분모가 당신이 가지고 있는 특성, 능력, 성격인지 아니면 당신이 열망하는 것인지 생각해보라. 자신이 존경하는 사람들을 통해 우리는 동기를 강조할 수 있다. 다른 사람은 당신이 선택한 사람들에게 그렇게 매료되지 않을 수도 있다.

Step 3 : 이제 당신이 사랑하는 사람과 당신을 사랑하는 사람을 머릿속에 그려보라. 마음의 눈으로 바라보자. 당신이 싫어하는 사람을 생각할 때와 사랑하는 사람을 생각할 때 느낌이 어떻게 다른지 주목한다.

화가 나는 대상을 끊임없이 생각하는 것 또한 당신의 선택이라는 것을 깨달아야 한다. 당신은 끔찍하다고 생각하는 사람한테 집착하면서 살 수도 있고, 존경하고 사랑하는 사람을 생각하며 살 수도 있다. 말하자면 이렇다. "보거나, 말거나."

미래는 기대감을 먹고 자란다

바버라 프레드릭슨은 긍정적 에너지와 미주신경긴장도의 관계를 조사한 연구에서 이렇게 말했다. "이 연구는 우리의 감정을 통제할 수 있고, 더불어 일상적인 감정을 잘 다스리면 몸이 더 건강해진다는 것을 보여준다."[48] 이것이 바로 희망을 만드는 기술이다.

다시 말하지만 희망은 미래에 좋은 일이 있을 거라는 기대이지, 과거를 극복하는 것이 아니다. 감사하는 마음을 가지는 연습에서 비록 과거는 바꿀 수 없지만 다르게 바라보고 다르게 느낄 수 있다는 것을 알았다.

이번에는 희망에 대한 가능성을 열고, 더 나은 삶에 집중하는 연습을 했다. 당신은 '가능한 최상의 자신'을 상상함으로써, 새로운 자신을 만들고자 하는 의지를 더 강하게 느낄지도 모른다. 그 과정에서 긍정적인 것들, 예를 들어 당신이 사랑하는 사람들과 당신을 사랑하는 사람들의 좋은 점에 렌즈를 맞춤으로써 미주신경긴장도를 높일 수 있다. 대상을 바라보는 관점을 바꾸면 상황을 다르게 이해할 수 있다는 것도 배웠다. 그리고 당신의 사고방식을 발견하고 그것에 도전했다.

긍정적 필터를 사용하는 것은 선택의 문제이다. 긍정적 가능성과 부정적 가능성은 모두 한곳에 있다. 당신은 그저 어느 쪽을 바라볼지 선택하면 된다. 그 선택이 오랜 시간에 걸쳐 반복될 때 당신의 몸과 마음 그리고 삶이 변화할 것이다.

작은 행동이 쌓이고 쌓이면 영향을 미칠 수 있다. 가능성에 집중하고 세상을 좀 더 긍정적으로 바라보자. 우울한 기분에서 벗어나 희망을 향해 나아가는 데 가장 결정적인 영향을 미치는 한 가지가 있다. 그것은 바로 미래를 기대하는 마음이다.

우리의 삶은 콘크리트처럼

딱딱하게 굳어진 것이 아니다.

말랑말랑한 진흙처럼

우리가 원하는 모습으로 얼마든지 만들 수 있다.

3장

회색빛 삶을 채색하기

부정적인 마음을 희망적으로 바꾸기

문제는 당신이 생김새만 본다는 것이다.
전반적인 느낌을 보라.
– 헨리 데이비드 소로

부부가 관계를 개선하기 위해 치료를 받으러 오는 일은 거의 드물다. 보통은 파국에 직면했을 때쯤에 찾아온다.

케이트와 샘이 나를 찾아왔을 때 그들은 어딘가 어중간한 상태에 있었다. 파국에 치달은 정도는 아니었지만 분명히 잘못된 방향으로 가고 있었다. 그들은 거의 매일 서로를 무시하거나 피했고, 성생활도 꾸준히 줄어들었다. 부부는 각자의 일과 운동, 자녀의 성공에만 몰두하고 있었다. 막내아들이 사회에 첫발을 내디뎠을 때 부부는 서로 얼굴을 맞대야 하는 상황을 마주했다. 드디어 인생 3막을 시작하며 남은 생을 즐길 때가 온 것이다. 그런데 문제는 서로 말을 안 하고 산 지 한참 되었다는 것이다.

1년 전, 케이트는 새로운 직책을 맡으면서 지위도 오르고 연봉도 인상되었다. 처음으로 더 이상 위로 올라갈 곳이 없는 샘보다 더 많은 돈을 벌게 되었다. 그녀는 매일 밤 집에 돌아와 샘에게 자신이 하는 일과 무엇을 배우고 있는지 얘기하고 싶었다. 샘은 고개를 끄덕이며 짐짓 흥미 있는 척했지만, 막상 케이트가 얘기를 꺼낼라치면 텔레비전을 보거나 자리를 피해 혼자 책을 읽었다.

몇 달 후 케이트가 혼자만 신나게 떠드는 일을 그만두자 두 사람 사이는 급격하게 멀어졌다. 그 후 흔히 그렇듯 치료를 받아야 하는 사건이 발생했다.

케이트는 몸을 앞으로 숙이며 말했다.

"함께 차를 타고 가다가 빨간불 앞에 멈춰 섰는데, 검은색 리무진 네 대가 교차로를 지나가는 거예요."

"그 순간 나도 모르게 물었죠. 누구 장례식이지?"

샘이 말하자 케이트가 덧붙였다.

"거의 동시에 나도 물었어요. 누구 결혼식이지?"

그러자 샘이 말했다.

"내가 하도 어이가 없어서 케이트를 쳐다본 기억이 나네요. 얼마나 생각이 없으면 그걸 보고 결혼식을 떠올릴까요? 그때 우리 둘 다 문제가 있다는 걸 깨달았어요."

그러자 케이트가 말했다.

"난 샘이 '장례식'이라고 말했을 때 느낌이 아주 안 좋았죠. 딱 거기가 그가 사는 세상인 거예요. 매일 아침 눈 뜨는 데가 거기인 거죠."

네 대의 리무진이 향하는 장소가 장례식이든 결혼식이든 아니면 세차장에서 돌아오는 길이든, 중요한 것은 똑같은 것을 보고 정반대로 인식하고 반응했다는 것이다. 마치 샘의 마음속에는 '끝'이란 제목의 영화가, 케이트의 마음속에는 '시작'이란 제목의 영화가 상영되고 있는 것 같았다.

누군가에게는 끝이 누군가에게는 시작

《탈무드》에서 말한 대로, "우리는 사물을 있는 그대로 보지 않는다. 우리의 방식대로 사물을 본다." 동일한 대상을 어떻게 다르게 보고 다르게 반응하는가 하는 문제는 철학자와 심리학자들이 오랫동안 다룬 주제였다. 앞에서 우리의 경험이 삶을 바라보는 렌즈를 어떻게 채색하는지 살펴보았다. 시간이 흐르면서 우리는 마음속에서 어떤 영화가 상영되고 있는지, 어떤 색안경을 끼고 세상을 보고 있는지 전혀 의식하지 못하는지도 모른다. 우리는 단지 그 영화를 봐야 한다는 사실만 받아들인다.

앞에서도 살펴봤듯이 우리의 경험과 관심은 우리의 반응에 영향을 미친다. 희망을 계속 쌓아나가면 우리의 인식은 더 희망적으로 바뀐다. 핵심은 관점을 바꾸는 것이다. 일단 대상을 다르게 바라볼 방법이 있다는 것을 깨닫게 되면 어떻게 인식할지 선택할 수 있다. 기분 나쁜 일이 생기면 마치 우리 뇌가 세상을 쓸모없는 땅처럼 바라보라고 말하는 것과 같다.

인식을 조금만 바꿔서 다른 렌즈를 통해 세상을 바라보면 상황이 달라진다. 우리는 세상을 다르게, 더 긍정적으로 보게 되고, 친절하게 반응한다. 절대 변하지 않을 것만 같았던 것이 다르게 보인다. 인식을 바꾸니 세상을 보는 관점도 더 희망적으로 바뀐 것이다. 우리가 바라보는 대상 자체를 바꿀 수는 없지만, 인식하는 방법은 바꿀 수 있다. 세상을 느끼는 방식을 바꾸고 싶다면 기꺼이 달라지겠다는 마음가짐이 반드시 필요하다.

어려운 시기를 겪는 동안 문득 당신의 상황과 너무 비슷한 노래 가사가 그날따라 귀에 쏙쏙 들어온 적이 있는가? 우리 마음은 우리가 무엇을 어떻게 바라볼지뿐만 아니라 어떻게 듣고 느낄지도 끊임없이 알려준다. 당신은 그 노래를 수도 없이 들었을 것이다. 다만 지금 그 노래가 다르게 들릴 뿐이다. 마음의 상태에 따라 무엇에 주의를 기울일지, 그리고 그것을 어떻게 해석할지가 정해진다.

당신은 무엇을 보기를 기대하는가

무엇을 기대하느냐에 따라 세상을 바라보는 관점이 달라진다. 낙관론자와 비관론자 모두 어떤 것을 기대한다. 우리는 관심을 기울이고자 하는 것에 따라 다른 경험을 한다. 그것은 최면에 걸린 사람의 반응과 같다.

최면에 걸린 피험자들에게 뜨거운 석탄을 아주 잠깐 몸에 댈 거라고 말한 뒤 얼음덩이를 몸에 갖자 대자 그 즉시 얼음이 닿은 부위에 물집이 생겼다.[49] 뭔가 안 좋은 일이 일어날 것이라는 예상 때문에 그럴 필요가 전혀 없는 상황에서도 스스로 보호해야 한다고 느끼고 반응한 것이다. 아울러 기대의 힘은 반대 방향으로도 작용한다. 최면 상태에서 이런저런 물질에 알레르기가 있는 피험자는 영향을 받지 않을 것이라고 말하면 실제로 반응을 억제할 수 있다.[50]

이 연구에서 각자 예상하는 것에 따라 자극이 다르게 인식되었다. 얼음덩이가 화상을 입힐 수 있다고 예상하면 물집이 잡히고, 알레르기 항원이 해가 없는 것으로 인식되면 알레르기 반응을 중화시킬 수 있는 것이다.

긍정적 인식은 계속 쌓인다. 우리는 다른 렌즈를 끼고 세상을 보는 방법을 계속 찾아내고 배우다 보면 희망이 순간순간 자연스럽게 우리 곁에 나타나 쌓이는 것이다.

일단 생각 멈추기

부정적인 생각이 계속 떠올라서 절망에 빠진 적이 있을 것이다. 어떤 사건들은 점점 더 흔들림 없는 부정적 사고의 순환 고리를 만들어낸다. 부정적 감정이 우리를 장악하면 긍정적으로 생각하고, 느끼고, 행동하지 못하게 막아버린다.

지금까지 그 고리를 멈추는 방법을 배웠다. 오래된 패턴에서 벗어나 당신이 간과해버린 가능성과 실현되지 않은 잠재력을 볼 수 있다면 좀 더 희망찬 기분을 느낄 것이다.

인식을 계속 바꾸면 변화할 수 있다고 믿어야 한다. 또한 변화할 수 있다고 생각하려면 대상을 바라보는 방식을 자신이 선택하고 있다는 것을 알아야 한다. 여기까지 앞 장에서 연습한 내용이다.

이제 한 단계 끌어올릴 준비가 되었다. 관찰하고, 인식을 바꾸고, 부정적인 생각에 맞서는 것과 당신의 생각, 감정, 인식에 긍정적인 영향을 미치는 것은 별개의 문제다. 처음 차를 운전하거나 자전거 타는 법을 배웠을 때를 떠올려보자. 속도를 늦추고 멈추는 데 필요한 기술은 방향을 바꾸고 속도를 올리는 데 필요한 기술과는 다르다. 속도를 늦추고 멈추는 방법만 익혀서는 목적지에 도착하지 못한다. 마찬가지로 우울한 사고방식을 멈추는 것과 행복한 상태는 같지 않다. 그러므로 다른 기술도 배워야 한다.

이제부터 생각이 어떻게 변하는지 알아보자. 생각을 알아차리면 생각을 바꿀 수 있다. 이것은 가장 흥미롭고 새로운 연구 주제이다. 우리의 생각과 행동을 깊이 생각해보는 것이 희망을 불러오는 가장 직접적인 방법일 수 있다.

한 걸음 물러서서 멈추기

다양한 심리치료나 영적 훈련에서는 우리가 무엇을 생각하며 상황을 어떻게 바라보고 반응하는지 질문한다. 이것은 결국 선택의 가능성을 일깨우는 것이다. 우리에게 선택권이 있음을 안다는 사실 자체가 미래에 대한 희망을 북돋운다.

빅터 프랭클Viktor E. Frankl이 자주 언급했지만, 1963년 심리학자 롤로 메이Rollo May가 처음 표현한 강력한 인용문이 이 점을 잘 포착하고 있다. "자극과 반응 사이에는 공간이 있다. 그 공간에 우리의 반응을 선택할 힘이 있다. 우리의 성장과 자유가 우리의 반응에 있다."[51]

이 공간은 우리의 선택 뒤에 숨은 가장 중요한 요소이다. 그러나 이 공간이 정확히 무엇이고, 어떻게 접근하여 키울 것인지는 지금까지 과학적으로 분석되지 않았다.

마음챙김은 현재 우리의 느낌과 생각을 예리하게 인식하고 알아차리는 것을 말한다.[52] 이런 능력이 있으면 신체적, 심리적, 인지적 이점이 많다고 한다. 우리가 비판단적nonjudging 및 비반응적nonreactive 방식으로 내면의 경험에 의식적으로 반응할 때 심오한 변화가 일어난다.

다음 내용으로 넘어가기 전에 내담자 중 한 명인 로잔이 제기한 마음챙김 수행에 대한 일반적인 오해를 풀어보자.

로잔이 코를 찡그리며 말했다.

"비판단적, 비반응적이라고요? 난 개성 없이 바삭거리는 그래놀라로 변해서 프레첼 포즈(프레첼처럼 몸을 꼰 요가 자세)로 바닥에 앉아 있지는 않을 거예요."

로잔은 이 기술을 익히는 것을 거부했다.

"난 내 감정을 느끼고 싶어요. 아무 반응을 보이지 않는다면 지겨워서 그런 거예요."

내가 설명했다.

"감정을 갖지 않는 게 아닙니다. 당신과 당신의 경험 사이에 충분한 거리를 두고 어떻게 반응할지, 혹은 반응을 할지 안 할지를 선택한다는 겁니다."

로잔은 내가 알려준 방법대로 시도해보았다. 그리고 2주 만에 나타나 소식을 전했다.

"뭔가 확실히 달라졌어요. 나 자신과 내 생각을 지켜볼 수 있어요. 모든 일에서 반 발짝 뒤로 물러서 있는 것 같아요. 더 편안해졌고, 나 자신을 더 잘 통제할 수 있게 됐어요. 훨씬 더 희망적이에요."

"이젠 프레첼처럼 앉아 있나요?"

내가 농담으로 말했다.

"아니요. 하지만 그래놀라(건강에 좋은 음식)에 마음을 열었어요."

그녀가 미소 지었다.

의식적 관찰이라는 훈련이 사뭇 명상처럼 들릴 수도 있다. 다시 말해 온정적인 삶을 준비하고 더 깊은 이해와 지혜를 기르기 위해 서양에 소개된 마음챙김의 불교식 수련법 말이다. 이 명상은 불교도들이 삶을 의식적으로 살아가기 위한 수행법인데, 서구 세계는 목적을 향한 수단으로 받아들였다. 예를 들어 당신이 의식적으로 더 주의를 기울이면 더 차분해지고, 혈압도 낮아지고, 인간관계도 좋아지고, 그만큼 스트레스가 줄어든다는 것이다.

마음챙김은 이런 혜택을 누리면서 하루하루 매 순간 더 의식적으로 행동하는 것이다.[53] 이런 관점에서 본다면 마음챙김은 단순히 명상이 아닌 삶의 질이라고 할 수 있다.

현재 마음챙김에 관한 과학과 내가 응용의식이라고 부르는 내용은 희망, 인내, 정신 건강을 유지하는 방법의 바탕을 이룬다. 마음챙김은 우울증이나 불안 같은 정신병리학적 증상을 변화시킨다. 감정을 더 잘 조절하기 때문이다. 그 모든 것은 우리가 생각하는 방식을 바꾸는 데서 오는 게 아니라 비판단적 방식으로 인식하는

데서 비롯된다. 다음은 100여 건에 달하는 마음챙김 연구에서 얻은 결과이다.[54]

- 스트레스 감소
- 회피성 대응 감소
- 우울 증상 약화
- 불안 증상 약화
- 경계성 인격장애 기능 향상
- 외상 후 스트레스 장애[PTSD] 감소
- 수용적 대응 향상
- 반복적 사고 감소
- 통증으로 인한 파국화[catastrophizing](최악의 결과를 예상하는 인지왜곡 현상) 약화
- 신경증 약화
- 실행 기능[executive function](자기 행동을 스스로 조절하는 것) 향상
- 충동성 감소
- 정서적 안정감 증가

이것들은 비판단적 의식과 행동을 익히는 연습을 했을 때 얻을 수 있는 효과이기도 하다. 따라서 우리가 생각을 바꾸기도 전에, 단

순히 그것을 알아차리는 것만으로도 엄청난 가치가 있다. 생각을 알아차리는 것이 왜 그토록 중요한 걸까? 이 기술이 자기조절 능력을 기르는 데 도움이 되기 때문이다. 그리고 이것이 7개의 결정 하나하나에 숨은 비결이다. 당신이 마음챙김을 통해 자기조절 능력을 발달시켜 나갈 때 당신은 무엇에 주의를 기울일지 선택하는 능력을 강화하고 있는 것이다.[55]

마음챙김 명상 연구의 선구자 격인 존 카밧진Jon Kabat-Zinn은 이렇게 정의했다.

"마음챙김은 특정한 방식으로, 즉 의도적이며, 바로 지금 이 순간, 비판단적으로, 주의를 기울이는 것을 의미한다."[56]

희망을 채우기 위해 지금 당장 해야 할 일

온 감각으로 살아 있음을 느끼기

● ● ●

나는 3가지 가이드라인이 자극과 반응 사이의 빈 곳을 열어 우리의 생각을 인식하게 해준다는 것을 발견했다.

Step 1: 당신이 알아차린 것을 알아차려라. 감각을 통해 알아차린 것을 의식하라. 일기에 가장 먼저 눈에 보이는 것을 기록한 다음, 밖에서 들리는 소리에 초점을 맞춘다. 지금 당신 몸 밖에서 그리고 몸안에서 보고, 듣고, 느끼고 있는 것은 무엇인지 온 정성과 힘을 기울여 모두 적어보자. 이제 발에서 어깨까지, 들이쉬고 내쉬는 숨으로 주의를 기울여보자. 당신의 의식과 경험을 판단하지 않고 그대로 기록하라. 부정적인 감정이 있더라도 판단하지 말자. 단순히 스스로 알아차린 것을 알아차려라.

Step 2 : 생생한 느낌을 관찰하라. 이번에는 가장 두드러진 느낌을 음미해보라. 발가락이 차가웠는가? 재스민 향이 났는가? 호흡은 얼마나 빨랐는가? 당신의 호기심과 관심을 사로잡는 것은 무엇인지 적어보자. 당신은 이 연습을 일상생활에서도 할 수 있다. 일몰이 아름다운가? 레스토랑 냄새가 좋은가? 바람이 따뜻한가? 생생한 느낌이 전해질 때 거기에 온 정신을 집중해보라. 음미하라. 그리고 일기에 적어 그 경험을 확장하라. 일기 제목은 '생생한 것'이라고 적어보자.

Step 3 : 생각하고 있는 순간을 포착하라. 위의 2가지 훈련을 일상생활에서 실천할 때 당신의 생각을 의식해보라. 당신은 지금 무슨 생각을 하고 있는가? 지금 기분은 어떤가? 이때 잊지 말아야 할 것은 기분이 좋은지 나쁜지 판단하지 말고 그저 관찰하는 것이다. 연습할 때 이런 순간이 생기면 핸드폰 메모장에 입력하고 싶어질 수도 있다.

일주일 동안 매일 일기에 관찰한 내용을 적고, 규칙적으로 당신의 생각에 주의를 기울여보라. 이 연습의 목표는 일상적으로 일어나는 일에 주의를 기울이는 것이다. 그다음에는 한 달간 일기를 쓰며 주의를 기울여본다.

마음챙김 연습은 우리가 진행하는 과정의 시작이며, 희망을 기르는 동안 새로운 습관으로 자리 잡을 수 있다. 우리에게 선택할 힘이 있다는 것을 알려주기 위해 한 줄기 빛을 스미게 한 것이다. 우리가 그 틈을 볼 수 있다면 인식과 반응 사이의 공간이 더욱 명료해진다. 마음챙김은 이런 틈이 존재한다는 것을 알아차림으로써, 그 틈을 벌리기 위한 것이다.

오늘 하루 나는 무엇을 느꼈는가

어떤 상황이 주어지든 경험하는 당신과 그것을 해석하는 당신이 존재하기 마련이다. 이것이 첫 번째 인식이다. 시인 앨런 긴즈버그[Allan Ginsberg]가 말했듯이 당신이 알아차린 것을 알아차림으로써,[57] 자신이 경험하고 있는 것을 감지할 뿐만 아니라 자신이 어떻게 반응하는지를 인식하게 된다. 당신이 어떤 자극을 알아차리고 반응한다는 사실을 의식하는 것이다.

마음챙김은 하루를 마무리할 때 자기 생각과 감정을 알아차리고, 어떤 행동을 취할지, 아니면 행동을 취할지 말지를 선택하게 해준다.

지금 이 순간에 의식을 집중하고 있는 자신을 알아차리는 미묘한 감각이 생기는 것이다. 원자 하나가 둘로 쪼개질 때 핵에너지가 저절로 생성되는 것처럼, 우리 자신을 생각과 분리할 때 에너지를 얻게 된다. 자기통제를 위한 이런 노력이 우리의 생각과 감정을 지휘하는 능력을 강화한다. 이러한 자아감이 발달할수록 미래에 관한 생각과 감정을 선택하는 기술도 발달하는 것이다.

마음챙김으로 더 큰 자아를 실현하면 거기에서 나온 불꽃이 희망과 투지를 촉발한다. 심지어 경험을 어떻게 해석할지 결정을 내리기도 전에, 자기조절의 부산물로 희망과 투지가 만들어진다. 어떤 사건과 우리의 관찰 사이에 빈 곳이 존재한다는 사실을 인정할 때 우리는 더 단단한 자아를 만들 수 있다. 그리고 우리가 어떻게 반응할지 결정할 힘을 얻는다.

어떤 사건을 경험하고 불안감이 든다면 그 공간을 넓혀 당신과 경험 사이에 거리를 둬도 좋다. 한 번 더 강조하지만 목표는 경험을 바꾸는 게 아니라 그저 그 경험을 비판단적으로 바라보는 것이다.

부정적인 경험은 종종 우리의 주의를 사로잡는다. 마음챙김으로 경험에서 한 발 물러나 바라보면 엄청난 힘이 생긴다.

이 기술들이 보조바퀴가 되어 도움을 주었다. 하지만 이제 우리는 스스로 균형을 잡을 준비가 되어 있다. 그리고 더욱 미묘한 상황까지 인식할 수 있어야 한다. 자전거의 보조바퀴가 더 이상 필요하지 않았을 때 얼마나 기뻤는지 기억하는가? 당신은 힘 조절을 하면서 자전거 속도를 줄이고 멈추는 방법을 터득했다. 마음챙김은 균형을 잡는 요소이며 삶을 탐구하는 데 필수적인 도구다.

가끔은 옆을 돌아보자

헬렌 켈러는 인생에서 갑자기 문이 닫힌 듯한 느낌이 들 때 다음과 같이 생각해보라고 말한다.

"행복의 한쪽 문이 닫힐 때는 다른 문이 열린다. 우리는 종종 닫힌 문을 너무 오랫동안 보기 때문에 우리에게 열린 다른 문을 보지 못한다."

그녀는 일찌감치 의식하고 있었다. 청각시각장애인으로서는 최초로 인문학 학위를 취득했고, 그녀의 선생님인 앤 설리번의 자서전이 인기 영화 〈기적은 사랑과 함께Miracle worker〉로 탈바꿈했던 것을 보면 말이다.

나쁜 일이 생기면 우리의 마음은 두려움과 불확실성으로 가득 차고 종종 비관주의로 흐른다. 그리고 미래에 대해 부정적으로 느끼게 된다. 그러나 관점을 바꿔 살아온 삶을 돌아보면 우리가 어떻게 어려움을 헤쳐왔는지 다르게 해석할 수 있다.

대학 4학년생이었던 에릭은 기차를 타고 다른 대학에 다니는 여자친구를 만나러 갔다. 그가 도착했을 때 여자친구가 역에서 그를 기다리고 있었다. 그러나 그녀는 그에게 헤어지자고 말했다. 여자친구가 가버리자 에릭은 역무원에게 곧장 돌아갈 표를 바꿔달라고 사정했다. 역무원이 그의 부탁을 들어주었고, 다시 기차에 오른 에릭은 조용한 자리에 앉자마자 왈칵 눈물을 쏟기 시작했다. 기차가 역에 정차하고 출발할 때마다 사람들로 들어찼다. 그리고 마침내 한 젊은 여성이 에릭의 옆자리에 앉았다. 잠시 후 여자는 에릭에게 괜찮은지 물었고, 이윽고 그가 사연을 털어놓았다. 1년 뒤 그들은 약혼했다.

이번에는 우리 삶에서 벌어진 부정적인 사건을 의도적으로 살펴볼 것이다. 하지만 우리를 바꿔놓을 렌즈를 통해 들여다본다. 처음에는 절망적으로 보였지만 상상했던 것보다 일이 더 잘 풀렸던 사례를 살펴보면서 다른 관점에서 부정적인 사건을 들여다보자.

안 좋은 일이 좋은 일로 바뀌었던 순간을 적어라

• • •

이 연습은 긍정심리학자 마틴 셀리그만과 함께 긍정심리치료법을 개발하는 데 앞장서 온 테이얍 라시드Tayyab Rashid 박사가 연구하고 개발한 것이다. 인생살이에서 어둠이 어떻게 빛으로 바뀔 수 있는지 이해할 수 있을 것이다. 과거의 경험을 재구성한 결과 희망과 낙관적인 기분을 느낄 수 있다.[58]

Step 1 : 당신의 삶에서 부정적인 사건이 예상치 못하게 긍정적인 결과로 이어졌던 세 번의 순간을 적어보라. 비록 중요한 것들을 놓치긴 했지만, 그 일이 없었으면 아마 오지 않았을지도 모를 다른 기회의 문이 열렸을 것이다. 당신이 문을 닫았을 수도 있고, 아니면 문이 닫혔을 수도 있다. 중요한 것은 첫 번째 문이 닫히지 않았다면 두 번째 문이 열리지 못했다는 사실이다.

Step 2 : 당신의 사례를 되돌아보라. 일기장에 그때의 상황을 적어보자. 지금 그런 일이 일어난다면 다르게 대응하겠는가? 긍정적인 일이 나타났는가? 긍정적으로 개선할 방법이 있었는가?

이것은 희망을 배우는 매우 좋은 방법이다. 우리는 어두운 상황이 어떻게 금정적으로 변모하는지 볼 수 있다. 어떤 단계에서는 잘 풀리지 않던 것이 잃어버린 것보다 훨씬 더 좋은 상황을 이끈 촉매제가 될 수도 있다.

이런 삶의 변화를 돌이켜보면 한때는 감당하기 힘든 쓰라린 상황이, 이전에는 너무나 고통스럽기만 했던 쓰라림이 더 나은 세상으로 향하는 문을 열어주었다. 이렇듯 관점을 넓히면 부정적 경험도 부드럽게 누그러뜨릴 수 있다. 눈앞의 힘들고 어려운 일이 의외로 잘 풀려나갔다는 사실을 알게 된다. 고난은 성장의 일부이다. 불교에서 말하는 것처럼 "흙이 없으면 연꽃도 없다."

앞서 우리의 인식을 바꿀 수 있다는 것을 배웠다. 이번 장에서 우리는 생각, 느낌, 경험을 어떻게 인식하는지, 그리고 무엇에 주의를 기울이는지에 따라 삶에서 무엇을 기대할지 결정한다는 사실을 깨달았다. 비판단적으로 주의를 기울이고 의식하는 행위 자체가 미래에 대한 준비와 동기인 것이다.

자신의 경험을 스스로 조절하고자 하는 노력은 희망과 투지를 샘솟게 한다. 주변에서 일어나고 있는 일을 알아채고 관심을 기울인다면 어떻게 반응할지 결정할 의지와 동력을 얻을 수 있다. 당신이 알아차린 것, 주의를 기울인 것이 삶의 기대와 당신의 경험을 결정지을 것이다.

이제 잘못된 일을 들추는 것이 아니라 앞으로 일어날 일에 초점을 맞춰 지속적으로 큰 그림을 그릴 수 있다. 힘든 일이 우리의 주의를 사로잡으려고 할 때 꽉 옥죄던 긴장의 끈을 느슨하게 푸는 데 도움이 된다. 나쁜 경험이 굉장히 성공적인 결과로 이어질 수도 있다는 걸 알게 되면, 우리는 희망을 품고 기대치를 높일 수 있다.

지금까지 보조바퀴를 떼고 달리는 법을 배웠다. 이제는 헬멧을 쓸 시간이 왔다. 다음 장에서는 긍정적인 감정을 기르는 방법을 이야기할 것이다. 자전거 타는 법을 배우면 어서 빨리 달리고 싶어질 것이다.

4장

당신의 마음,
잘 있나요?

긍정적이고 행복한 감정 가꾸기

부정적인 생각과 파괴적인 감정을 극복하는 방법은
그 반대의 더 강력하고 훨씬 더 긍정적인 감정을 개발하는 것이다.
- 달라이 라마

수전은 서점에서 시간제 근무를 하며 남편과 휴가를 즐기고, 손자들을 돌보며 평온한 일상을 보내고 있었다. 그러던 어느 날 그녀는 췌장암 진단을 받고 일상이 완전히 뒤집혔다. 항암 치료로 그녀의 아름다운 적갈색 머리도 한 달 만에 다 빠져버렸다. 게다가 수전은 몸이 쇠약해져 손주들을 돌봐주거나 서점에서 일하기도 힘들었다. 이런 급격한 변화를 겪고 그녀는 절망과 무력감에 빠져들었다.

가발을 쓰고 나를 찾아온 그녀는 자신이 잃은 것과 놓친 것들을 이야기했다.

"정말 많은 걸 잃으셨군요. 당신이 이 일로 슬프거나 화가 나지 않는다고 말하면 오히려 더 걱정할 거예요."

내가 이렇게 말하자 그녀는 당황했다.

긍정심리학자인 내가 당연히 나쁜 감정에서 벗어나야 한다고 설득할 줄 알았던 모양이다. 하지만 나는 그럴 생각이 전혀 없었다. 오히려 이러한 감정을 존중하며, 그런 감정 역시 필요한 것이라고 말했다. 수전은 자신의 상실감을 옹호하기 위해 만반의 태세를 갖추고 있었으나 아무 소용이 없었다.

수전은 잃어버린 희망에 대해 말했다.

"내가 좋아하는 일을 전부 다 빼앗겼어요. 다시 어떤 일이든 할 수 있을 거라는 모든 희망이 사라져버린 거죠."

바로 이 대목을 주목하라. 이것이 바로 절대주의 사고방식이다. '어떤 일이든 할 수 있을 거라는 모든 희망이 사라져버렸다'는 말은 수전의 마음이 자신의 상황을 뒤틀고 있다는 뜻이다. 여기에는 흑백논리가 나타난다. 뿌리 깊은 부정적인 사고는 특유의 화학적 반응을 일으켜 눈덩이처럼 불어나면서 감정의 눈사태를 일으킨다. 전부가 아니면 아무것도 아니라는 식의 접근법이다. 하지만 이제 회색과 베이지색도 있다는 것을 알아야 한다.

엄마의 품처럼 포근하게

무엇이 잘못되었는지, 무엇 때문에 불안하고 화가 나는지 되풀이하여 생각할 때 우리는 스스로 최고의 경계 태세를 갖추게 된다. 그리고 그 때문에 우리의 몸에는 악몽 같은 생화학적 반응이 일어난다.

바버라 프레드릭슨의 연구는 부정적 감정이 투쟁-도피 반응을

106

일으켜 몸이 생존을 위해 필요한 활동을 활성화한다는 사실을 증명했다. 불안감이 증폭될수록 우리는 자신의 생명을 구하는 데 집중하느라 시각이 좁아진다. 이것이 부정편향을 갖게 되는 이유다.

우리 몸은 언제든 생존에 대비하고 있다. 실제로 위협을 느끼면 우리 몸의 부신에서 스테로이드 호르몬인 코르티솔이 분비되어 단기적으로 스트레스 해소에 도움이 된다. 코르티솔은 혈당을 증가시켜 에너지를 공급하고, 면역체계를 억제하며, 지방, 단백질, 탄수화물과 같은 다른 에너지원을 생성한다.

스탠퍼드 대학교의 로버트 사폴스키Robert Sapolsky 교수는《얼룩말은 왜 궤양에 걸리지 않는가Why Zebras Don't Get Ulcers》59에서 우리 몸의 이런 현상에 관해 설명했다. 인간은 단지 생각만으로도 자기 몸이 위기 상황에 부닥쳐 있다고 인식하고 반응을 나타낸다는 것이다. 우리는 담보대출이나 일자리, 혹은 이런저런 관계에 대해 걱정한다. 바로 이것이 우리 몸을 번영이 아닌 생존에 대비하게 만든다.

물론 부정적인 생각과 감정이 긍정적인 생각과 감정보다 더 강력하다고 하지만, 무엇이 당신에게 기쁨을 가져다주는지, 또는 당신이 무엇을 감사해하는지 초점을 맞추면 모든 것이 변한다. 긍정적인 감정이 다른 신호를 보내서 우리 몸의 화학반응이 변하므로 더 많은 옥시토신, 즉 신체적 친밀감이나 엄마가 아기를 안아줄 때 분비되는 좋은 호르몬이 더 많이 생성된다.

바버라 프레드릭슨은 10가지 긍정적인 감정을 찾았는데, 바로 기쁨, 평온, 관심, 희망, 자부심, 사랑, 유희, 경외, 감사, 영감이다.[60] 그녀는 이런 긍정적인 감정이 활성화되었을 때 우리 몸에서 어떤 일이 일어나는지 살펴보았다. 긍정적인 감정은 창의성, 회복탄력성, 건강과 행복, 즉 웰빙을 자극한다는 것이 밝혀졌다.

심지어 작은 경험이라도 긍정적 감정을 느낀다면 이런 반응을 일으킬 수 있다. 이것은 재조정, 즉 당신의 희망 사항을 수정하는 모습으로 나타날 수 있는 것이다. 수전의 희망은 진단이 틀리기를 바라는 대신 차라리 1시간 동안 손자들을 돌보거나, 직장으로 돌아가 2시간 정도 일할 수 있을 만큼만 체력이 받쳐주는 것이었다. 이로 인해 그녀는 희망에 더 쉽게 다가갈 수 있었다.

수전은 집중할 수 있는 현실적인 목표를 세웠다. 그리고 그것을 이루기 위해 딸과 서점 주인에게 도움을 호소했고, 그러자 기분이 눈에 띄게 좋아졌다.

수전은 의사에게 몇 시간이라도 일을 할 만큼 체력을 회복할 수 있게 해달라고 요청했다. 그러자 의사는 치료법을 몇 가지 바꾸었고, 한 달 만에 손자를 돌보고 일을 할 수 있을 만큼 체력을 회복했다. 수전은 이러한 성취를 통해 진정한 자부심과 기쁨을 느꼈다.

이 과정에서 수전의 기분이 좋아졌고, 그녀는 자신을 사랑하고 지지해준 사람들과 이 같은 획기적인 성공을 축하했다.

수전이 잃은 것에만 초점을 맞췄을 때 그녀는 희망도 잃었다. 그러나 자신이 통제할 수 있는 것에 초점을 맞추고, 즉시 가능한 자원을 동원했을 때 그녀의 삶은 풍요로워졌다.

희망을 채우기 위해 지금 당장 해야 할 일

생각이 당신의 몸을 변화시킨다

● ● ●

당신 앞에 잘 익은 레몬이 있고, 그 냄새를 맡을 수 있다고 상상해보자. 그런 다음 레몬을 칼로 자르고 레몬 향이 더 진해졌다고 상상한다. 이제 레몬을 절반 집어 입안 가득 한입 베어 물었다고 상상해보라.

당신이 보통 사람들과 다르지 않다면 상상에 불과하더라도 입에 침이 고일 것이다. 이처럼 한 가지 생각에 집중하는 것만으로 몸의 화학반응을 바꿀 수 있다.

희망이 싹트는 마음 자리

긍정적 감정을 불러일으킬 때는 정반대의 일이 일어난다. 2장에서 자신이 사랑하는 사람과 자신을 사랑하는 사람에 대해 자주 생각하면 우리 몸의 미주신경긴장도가 변화한다는 것을 보여주었다.

자연적으로 발생한 긍정적 감정이 긍정 정서를 자극하는 인간관계를 활성화하고, 그 결과 미주신경긴장도와 건강을 향상함으로써 웰빙에 대한 우리의 사고방식이 바뀌었다. 그것들은 자연적으로 지속되는 상승 나선을 타고 서로에게 영향을 미쳤다.

여기가 희망에 딱 맞는 자리다. 당신이 긍정적인 일을 하고, 깊이 감사하고, 부정적으로 생각하는 자신을 포착하거나, 또는 더 나은 미래를 상상하려고 애쓸 때 비로소 하강 국면을 막고 상승 나선이 시작되는 것이다.

이러한 것은 스스로 얼마든지 선택할 수 있다는 것을 깨달아야 한다. 매 순간 당신에게는 부정적인 생각에서 벗어날 능력이 생긴다. 한번 이렇게 하고 나면 다른 사람들과 연결되고 더 긍정적인 감정을 갖게 해주는 상승 나선이 시작되는 것이다.

당신이 긍정적 변화가 가능하다는 것을 과감하게 믿고 있다면, 그리고 과거에 경험했던 감사한 일을 떠올리고 미래에 대한 기대, 아울러 마음챙김에 힘쓴다면 상승 곡선은 저절로 시작된다. 과거와 현재에 관한 생각을 바꾸기 위해 조금만 노력한다면 긍정적인 습관을 기르게 될 것이다. 그러면 앞으로 다가올 일에 대해 더 나은 선택을 하게 되고 비관론을 낙관론으로 바꿀 수 있다.

희망으로 물든 기대

당신은 살면서 일어난 일을 어떻게 설명하는가? 낙관주의자들은 좋은 일은 크게 부풀리고 나쁜 것은 최소화한다. 비관주의자들은 정반대다. 이 사실은 다른 디폴트를 나타낸다. 당신이 세상을 바라보는 방법에 따라 다른 결정을 내린다는 것이다.

각각의 방법에 따라 미래에 대해 강력한 기대를 하게 된다. 이런 기대는 당신이 풍요로운 삶을 가꾸는 데 도움을 주거나, 아니면 삶의 방식을 제한하거나 둘 중 하나이다. 그리고 당신이 미래의 결과에 대해 통제할 수 있는 정도에 따라 구축된다.

이러한 차이점을 이해하는 열쇠는 살면서 일어난 긍정적이거나 부정적인 사건을 설명하는 방식에 있다. 비관주의자들은 부정적인 사건을 다음과 같이 인식한다.[61]

- 나쁜 일이 일어나면 그 느낌은 영원히 지속될 것이다.
- 이 사건은 내 삶의 모든 영역에 영향을 미칠 것이다.
- 다 내 잘못이다.

좌절에 맞닥뜨렸을 때 비관주의자는 무기력하게 대응하고, 부정적인 사건이 계속 내 삶에 안 좋은 영향을 미칠 것이라고 생각한다. 자신들이 하는 모든 일을 타협하고 있는 것이라 여기고 또 개인적으로 책임이 있다고 느끼므로 상황은 결코 바꿀 수 없는 통제 밖의 영역이 되는 것이다.

똑같이 부정적인 사건을 놓고 낙관주의자들은 다르게 설명한다. 계속 내 삶에 영향을 미치지도 않을뿐더러 개인적으로 받아들이지도 않는다. 일시적인 걸림돌이나 별도로 분리된 사건으로 보고, 어떻게 통제할 수 있는지 들여다본다.

이런 기분 좋은 전망은 사실, 기분 좋은 것 이상이다. 왜냐하면 그 '기분 좋음'이 몸을 더 건강하게 만들고 우울증에 빠지지 않게 해주기 때문이다. 더구나 어떤 일을 성취할 수 있는 잠재력을 키운다. 낙관적인 생각이 어떤 결과를 얻을 수 있는지 보여주는 연구 결과가 있다.[62]

- 더 길고 행복한 삶
- 우울증 감소
- 더 낮은 스트레스
- 더 나은 심혈관 건강
- 더 낮은 노인성 치매 위험
- 높은 수준의 웰빙
- 더 많은 긍정적 정서
- 힘든 시기를 극복하는 더 큰 회복탄력성과 대처 능력

- 더 많은 생산성

- 더 많은 동정심

- 더 큰 친절

- 부정적 생각 감소

- 숙면

비관주의자들에게는 좋은 일이 일어나더라도 이런 결과가 나타나지 않는다. 긍정적인 사건이 어쩌다 한 번 운 좋게 일어난 일일 뿐이라고 여기기 때문이다. 비관론자들에게는 좋은 것이 들러붙지 않고 나쁜 것은 광범위하게 해석하면서 오래도록 붙어 있다. 이 차이는 기대치에 중대한 영향을 미치면서 뚜렷한 결과를 나타낸다.

비관주의자인 대학생 캐리는 한 과목에서 'A' 학점을 받았다. 그런데 그녀는 운 좋게 좋은 학점을 받았다고 생각한다. 그러므로 다시는 그런 일이 일어나지 않을 것이라고 여긴다. 그저 딱 한 번 '운발'이 먹힌 거니까. 게다가 좋은 학점은 딱 한 과목에서 딱 한 번 본 시험에서 받은 것뿐이다. 캐리는 그저 운 좋게 제대로 된 자료를 읽은 덕분이라고 생각한다. 다시 말하면 자신이 통제할 수 있는 것이 아니므로 개인적으로 쟁취한 승리가 아니라는 것이다.

반대로 시험에서 낙제했을 때 캐리는 자신이 똑똑하지 못하기 때문이고, 평균 학점이 떨어지게 될 것이며(지배적), 자신이 열등한 학생임을 입증하게 되므로 결국 나아질 방법이 없다고 생각한다. 부정성은 언제나 그녀와 함께한다.

긍정주의자 리네트가 'A' 학점을 받는다면 캐리와 정반대로 믿는다. 앞으로도 좋은 학점을 받아서 경력에 좋은 영향을 줄 것이라고 기대하며, 당연히 자신이 열심히 공부한 덕분이라고 생각한다. 긍정성이 그녀에게 고착된다.

리네트가 시험에서 낙제한다면, 그녀는 밤에 잠을 설친 것과 같은 일시적인 상황 탓으로 여기고, 평소 자기 모습이 아니라고 가볍게 넘긴다. 한밤중에 기숙사 화재 경보가 울려서 제대로 잠을 못 잤다고, 자신이 어쩔 도리가 없는 것이었다고 생각한다.

낙관주의자와 비관주의자의 가장 핵심적인 차이점은 좋은 일과 나쁜 일이 어떻게 미래에 영향을 주느냐 하는 점이다. 초기에 정신 건강 분야의 개척자들은 더 나은 기분을 느끼려면 반드시 희망이 있어야 한다고 보았다.

프로이트는 치료 과정에서 환자들의 '희망과 믿음으로 물든 기대'가 대부분의 성공과 실패를 좌우한다고 생각했다. 칼 메닝거Karl Menninger는 희망이 치유하는 데 없어서는 안 될 필수 요소라고 여기고 심리학자들에게 희망 연구를 독려했다. 최근 들어 유명한 실존주의적 상담 및 그룹 치료 전문가인 어빈 얄롬Irvin Yalom은 치료 과정에서 희망을 주입하는 것이 중요하다는 것을 확인했다.[63]

당신은 인생에서 무엇을 원하는가

부푼 희망,[64] 즉 우리가 지향하고 있는 마음가짐을 가진 사람들은 더 나은 특성을 보인다.[65]

- 심리적 조정
- 학업 성취
- 신체 건강 및 웰빙
- 경기력
- 질병 및 상실에 대한 대처 능력
- 사회 정서적 문제 해결
- 대인관계

낙관주의가 우리의 건강에도 영향을 미친다고 했다. 낙관적이고 희망적인 생각은 유익한 관점을 키울 수 있는 동기를 제공한다. 앞으로 일어날 일에 대한 자신의 믿음과 기대가 결과에 영향을 미친다는 것을 알았다면 이제 더 긍정적인 관점을 가질 수 있는 방법을 살펴보겠다.

더 나은 자신이 되려면 약간의 노력이 필요하다. 이제 우리는 인식을 전환하고, 어떻게 사물을 바라보며 행동해야 하는지, 어떤 삶의 요소를 기억해야 할지 알게 되었다.

긍정적인 감정을 계속 유지하려면 부정적인 상황에 있을 때 내면의 자애로운 자아를 끌어내 대화를 해볼 수 있다. 이를 통해 모든 새로운 기술을 내재화하여 쉽게 접근할 수 있는 것이다. 인정 많고 자애로운 자아는 평생 업데이트하고 발전시킬 수 있다. 컴퓨터와 휴대전화에서 소프트웨어 업데이트를 실행하는 것처럼 우리는 희망과 삶의 만족도를 높이는 새로운 방법을 배울 때마다 긍정성 훈련을 통해 자신을 업데이트할 수 있다.

내 마음에 공감하기

자기공감self-compassion은 비관주의자에게 뿌리 깊은 자기비판self-criticism을 극복하는 데 도움을 준다. 난 부족하고, 난 할 수 없고, 난 충분히 강인하지 않다고 말하는 내면의 목소리를 들었는가? 이것은 부정적 자기 대화이다. 그것에 맞서지 않으면 이러한 목소리는 걷잡을 수 없이 커지고 복잡해질 것이다.

급기야 이러한 목소리는 삶의 방향을 결정하게 될 것이다. 이 목소리는 우울증의 근원인 반복하여 곱씹는 생각을 일으킨다. 이 책을 읽고 있다면 이런 메시지에 대처해야 한다는 것을 잘 알고 있을 것이다.

자기비판, 실패 되새기기, 결점에 집착하기에 빠져 있더라도 자신을 대하는 태도를 바꿔 긍정성을 기를 수 있다. 텍사스 대학교 심리학과 교수 크리스틴 네프Kristin Neff는 자기공감 능력을 높일수록 웰빙이 더 커진다는 것을 끊임없이 보여주었다.[66] 희망은 삶의 만족도를 늘리는 자기공감으로 이어지는 중요한 요인이다. 다시 말해 우리가 스스로를 자애롭게 대할 때 희망이 강해져 삶에 대해 더 좋은 느낌을 가지게 된다는 것이다.[67]

당신은 폭풍처럼 휘몰아치는 부정적 자기비판의 한가운데서도 스스로를 보살피기 위해 자기공감을 발달시킬 수 있다. 스스로에게 가장 친한 친구가 되어보는 것이다. 좋은 친구를 대하듯이 스스로를 대하자. 스스로에게 친절하게 얘기해보라. 친한 친구가 사랑과 관심으로 당신을 대하듯이 내면의 비평가에게 대답해보자.

희망을 채우기 위해 지금 당장 해야 할 일

내 안의 두 자아를 만나기

• • •

우리가 느끼는 방식이 우리의 행동을 바꾼다. 자기공감을 발달시키려면 빈 의자를 놓고 단순한 역할 바꾸기를 해보라. 지금 시도해보고, 즉시 일기에 당신의 반응을 적어두자. 어떤 사람들은 이 훈련을 녹화하기도 한다.

의자 2개를 서로 마주 보게 놓는다. 같은 의자여도 좋고, 서로 달라도 괜찮

117

다. 또한 가깝든 멀리 떨어져 있든 상관없다. 한쪽 의자는 부정적인 자아, 다른 한쪽 의자는 내면의 자애로운 친구가 앉게 될 자리이다.

Step 1 : 부정적 자아의 의자에 앉아서 자신에게 이야기하라. 당신이 가진, 혹은 과거에 가졌던 부정적인 생각이나 자기비판의 내용을 소리 내어 말해보라. 맞은편 의자에는 자애롭고 사랑스러운 또 다른 자아가 있다. 이런 친절한 자아가 당신이 가장 마음에 두고 있는 관심사에 진심으로 귀 기울이고 있다고 상상해보라. 친한 친구처럼 친절한 자아는 질문을 던지거나 관찰할 수도 있다.

Step 2 : 역할을 바꿔 인정 많은 자아가 얘기할 준비가 되면 일어나서 맞은편 의자에 앉아 바뀐 역할에 따라 이야기해보자. 친절한 자아는 왜 당신이 특정한 감정을 품고 있는지 물어볼 수도 있고, 부정적 자아가 이야기한 것에 대해 더 많이 듣고 싶어 할 수도 있다.

Step 3 : 역할과 의자는 당신이 필요하다고 느끼는 만큼 바꿀 수 있다. 그러나 항상 부정적인 자아의 자리에서 시작하고 끝낸다. 그 후에 주고받은 대화와 반응 중에서 기억나는 것들을 일기에 기록한다.

나는 일주일에 두세 번 자애로운 자아와 대화를 나눈다. 나는 아직도 나의 고통을 보듬어주는 내면의 지혜, 통찰력, 이해, 그리고 깊은 연민에 깜짝 놀라곤 한다. 수년 동안 나는 학생들을 지켜보면서 자기공감이 커질수록 회복탄력성이 더 강해지고 자신의 부정적인 면을 끌어안게 된다는 것을 알게 되었다.

마음 시계를 거꾸로 돌려라

사람들은 그 과정을 여러 가지 모습에 비유했는데, 가장 많은 표현이 꼬물꼬물한 젖먹이를 안고 있는 엄마와 같다는 것이다. 엄마는 아기가 스스로 누그러트리고 자기조절을 할 때까지 충분히 안아준다. 당신은 바로 그런 엄마처럼 자신을 끌어안아 주는 법을 배우고 있는 것이다.

자애로운 자아와의 대화를 머릿속으로 상상만 할 수도 있겠지만, 역할 바꾸기를 활용해 실제로 반대편 자아를 연기해보면 훨씬 더 강력한 효과를 발휘한다. 이 역할극에서 얻을 수 있는 강력한 효과가 이른바 체화된 인지embodied cognition, 즉 행동을 통해 우리의 생각을 바꾸는 방식이다.[68]

이 방식이 어떻게 작동하는지 살펴보면 체화된 인식을 한층 더 발전시킬 방법을 알게 될 것이다. 한 연구에서 사람들이 안면 근육을 다르게 사용할 때 어떤 일이 발생하는지 살펴보았다. 사람들에게 연필을 가로로 이에 물고 미소 짓는 모양을 만들어달라고 요청했을 때 불쾌한 문장보다 즐거운 문장을 더 빨리 이해한다는 것을 발견했다. 그냥 입술로만 물고 얼굴을 찡그린 상태에서는 정반대의 효과가 나타났다.[69]

애틀랜틱 대학교 심리학과 교수 세라 스노드그래스Sara Snodgrass는 '가정as if' 원칙에서 영감을 받은 또 다른 연구에서[70] 사람들에게 2가지 방법 중 하나로 3분간 산책을 하라고 요청했다. 한 그룹은 큰 보폭으로 팔을 흔들며 고개를 높이 쳐들고 걸었고, 다른 그룹은 짧은 보폭으로 발을 질질 끌면서 땅을 쳐다보며 걸었다. 큰 보폭으로 산책한 사람들이 발을 질질 끌면서 산책한 사람들보다 훨씬 더 행복감을 느낀 것으로 나타났다.

체화된 인지는 행동을 인식 가능한 것으로 간주한다. 우리가 어떻게 행동하는지가 생각과 감정에 영향을 주어 양방향 길도 바꿔 놓을 만한 능력을 가질 수 있다는 것이다. 이런 유형의 관계를 양방향성bidirectional이라고 한다.

이것은 우리가 상황에 대한 인식을 바꿀 수 있다는 것, 즉 신념을 바꾸면 행동 양식이 바뀔 수 있다는 것을 의미한다. 행동을 바꿨기에 우리의 믿음이 바뀌었을 수도 있다.

《마음의 시계Counterclockwise》의 바탕이 된 1981년 연구에서 하버드 대학교 심리학과 교수이자 마음챙김 심리학의 창시자 엘렌 랭어 Ellen Langer는 이 개념을 한 단계 더 끌어올려 타임머신을 만들었다.[71]

그녀는 1959년의 모습, 이를테면 〈에드 설리번 쇼〉가 나오는 흑백 텔레비전이나 페리 코모의 노래가 흘러나오는 라디오, 그 밖에 책이며 잡지 등 전부 다 그 시절의 모습으로 완벽하게 재현된 뉴햄프셔의 수도원에 8명의 70대 노인을 불러 모았다. 노인들은 대부분 관절염을 앓고 있거나 지팡이에 의지하고 있었다.

랭어는 그들에게 5일 동안 그곳에서 지내며 실제로 1959년 당시처럼 생활하라고 당부했다. 연구팀은 가장 먼저 노인들의 민첩성, 악력, 유연성, 청각, 시각, 기억 및 인지 능력을 측정했다. 그들은 젊은 사람들처럼 대우받았다. 가령 노인들은 각자 소지품을 위층까지 직접 날라야 했다. 기대감을 더 심어주기 위해 랭어는 노인들에게 "이번 실험에 성공하면 어르신들이 1959년 당시처럼 느낄 수 있다는 과학적 근거를 밝혀낼 수 있습니다"라고 덧붙였다.

실험은 성공했다. 5일 후 실험에 참여한 노인들은 다시 검사를 받았다. 수도원에 오지 않았던, 옛 추억을 떠올리기만 하고 실제로 1959년에 사는 것처럼 행동하지 않았던 대조군과 비교했다. 딱 5일 만에 타임머신에서 돌아온 실험 참가자들은 더 날렵해졌고, 손을 더 잘 썼으며, 더 똑바로 앉았을 뿐만 아니라 시력도 좋아졌다. 독자적인 평가단에 의하면 심지어 그 노인들은 더 젊어 보인다고 말했다.

이렇듯이 특정한 행동이 우리의 모습을 바꾼다. 당신의 생각과 느낌을 변화시키기 위해 체화된 인식을 매일 사용할 수 있는 10가지 방법을 소개한다.

1. **미소를 지어라.** 믿기 힘들겠지만 매우 간단하다. 당신이 미소 짓기 위해 얼굴 근육을 사용하면 실제로 기분이 더 좋아질 것이라는 연구 결과가 있다.[72] 한번 해보라. 처음 몇 번은 어렵지만 부정적인 생각을 즉시 끊어놓는다.

2. **근육을 써라.** 근육을 긴장시키면 의지력이 강해진다.[73] 주먹을 쥐거나 펜을 쥐는 행동이 고통에 대처하고 과식을 피하고 집중력을 높이는 것으로 나타났다.

3. **자주 사용하지 않는 손을 사용하라.** 다이어트 중인 사람들은 잘 쓰지 않는 손을 사용할 때 더 성공적이다. 바로 의식에 집중하기 때문이다. 오래된 습관을 깨뜨릴 때 더 나은 결정을 내릴 수 있다.[74]

4. **집안일에 몇 분만 투자해 더 큰 작업(지하실 청소, 보고서 작성, 청구서 지급 등)과 씨름해보라.** 사소한 일을 미루는 습관을 바꾼다. 달갑지 않은 일을 피하고 미루는 대신, 잠깐 시간을 내서 '아주 흥미로운 것처럼 행동'할 수 있다.[75]

5. **똑바로 앉아 팔짱을 껴라.** 연구에 따르면 자세를 바꾸고 팔짱을

끼면 끈기가 더 생길 수 있다고 한다.[76] 이러한 자세를 취한 사람은 그렇지 않은 사람보다 2배 더 오랫동안 힘든 일을 견뎌냈다.

6. **활기찬 걸음걸이와 활기찬 자세.** 세라 스노드그래스가 제안한 자존감을 높이기 위한 활기찬 걸음걸이와 같은 것이다. 하버드 대학교 경영대학원 교수이자 사회심리학자 에이미 커디^{Amy Cuddy}가 제안한 활기찬 자세를 취하면 자존감이 올라가고 자신감도 커진다.[77] 우리 몸을 어떤 자세로 유지하느냐가 정말로 우리의 마음에 영향을 미친다.

7. **부드럽게 앉아라.** MIT의 연구에 따르면 협상할 때 딱딱한 의자에 앉아 있는 사람들이 부드러운 의자에 앉아 있는 사람들보다 더 유연하지 않다고 한다.[78] 신체적으로 편안한 환경에서 협상이 더 잘 이루어진다.

8. **손을 씻어라.** 이른바 '맥베스 효과^{Macbeth effect}'를 연구하는 연구자들은 당신이 지은 죄를 씻을 수도 있다는 사실을 알아냈다.[79] 믿거나 말거나 부도덕한 행동이나 행위를 한 사람들은 나중에 손을 씻을 때 실제로 죄책감을 덜 느낄 수도 있다고 한다.

9. **자기 자신에게 고개를 끄덕여라.** 무슨 말에 당신이 고개를 끄덕이고 있다면 주의를 기울여라. 당신이 동의할 가능성이 더 크다는 것을 의미하니까. 당신이 고개를 끄덕인다는 것을 의식하면[80] 스스로에게 뭔가를 설득하고자 미묘하게나마 애쓰고 있는 것은 아

닌지 알아차리는 데 도움이 된다. 나아가 그것이 진정으로 당신이 원하는 것인지 결정할 수 있다. 반대로 당신이 다른 사람들을 설득할 때 미묘하게 고개를 끄덕이면 상대방이 당신에게 동의할 가능성이 높다.

10. **친절한 사람이 되어라.** 친절함이야말로 두려움이나 걱정에서 벗어나게 해줄 가장 단순한 방법이다. 타인에게 친절을 베풂으로써 당신은 부정적인 생각에서 빠져나온다. 친절한 행동은 긍정적인 생각을 끌어내는 유력한 동력이다.[81] 다른 이들에게 친절을 베풀면 당사자들뿐 아니라 그 광경을 지켜본 모든 사람들의 기분이 좋아진다. 친절한 행동은 자신에 대한 감정은 물론 다른 사람들이 우리에게 반응하는 방식 또한 변화시킨다.

감정이 우리 몸에 어떤 반응을 일으키는지를 살펴봄으로써 높은 희망을 가지기 위해서는 어떻게 해야 하는지 알아보았다. 작은 행위들이 맞물리면서 긍정적인 생각을 자극하면 상승 나선에 올라타게 된다.

낙관주의와 비관주의의 근본적인 차이는 상황에 대한 통제력을 갖느냐 하는 것이다. 우리가 미래의 결과에 영향을 미칠 수 있다고 믿고 기대할 때 긍정적인 생각과 감정으로 바꿔 희망을 높일 수 있다.

자기공감을 기르면 자기비판을 극복하고 체화된 인식, 즉 행동을 통해 생각을 바꿀 수 있다. 다음 장에서는 희망이 성격을 넘어서서 어려움을 극복하는 데 필수적이라는 것을 살펴볼 것이다.

5장

가장 멋진
나를 만나는 시간

내가 가진 최고의 강점을 찾아서 삶을 바꾸기

환경은 나를 만드는 것이 아니라, 내가 어떤 사람인지 드러낸다.
- 윌리엄 제임스

어느 날 달린은 휠체어를 타고 나를 찾아왔다. 그녀는 영구적인 장애가 있었지만 자신이 이곳저곳 마음대로 다닐 수 있는 것을 매우 자랑스러워했다. 몇 년에 걸쳐 그녀는 꽤 민첩해졌고, 자신의 자급자족, 독립성, 활력에 만족스러워했다. 그것은 달린의 자부심과 웰빙의 원천이었다.

어느 날 달린은 내 사무실로 들어오던 중 말다툼이 일었다. 우체부 앤이 달린을 보더니 우편물 가방을 툭 내려놓고서 달린에게 묻지도 않고 달린을 내 문 쪽으로 살짝 밀어 올렸다. 달린은 몇 번이나 "괜찮아요"라고 말하며 혼자 할 수 있다고 했다.

앤이 달린을 도와주겠다고 우긴 것이 문제의 시발점이었다. 달린이 휠체어 브레이크를 잠그고 말했다.

"저는 당신의 도움을 원하지 않아요."

달린이 단도직입적으로 말했다.

"친절을 베풀고 싶은 마음은 감사하지만, 그건 당신이 원하는 거잖아요. 난 혼자 올라갈 수 있어요."

앤이 화들짝 놀랐다. 그러자 달린이 계속 말했다.

"내가 진심으로 원하지 않는데 도와주는 건 침해예요. 다른 사람을 도와주고 싶다면 먼저 물어보세요."

앤은 그저 도와주고 싶었을 뿐이라고 해명했다. 달린은 도움이 필요한 상황을 서로 다르게 생각하는 것 같다고 설명했다. 앤이 사과했고 달린은 혼자 휠체어를 끌고 내 사무실로 들어왔다.

두 사람은 일정이 겹치는 날이 많아 정기적으로 얼굴을 보게 되었다. 그들은 서로 조심스럽고 공손하게 대했다. 앤이 이따금 달린에게 문을 잡아줘도 괜찮은지 물어보면 달린이 그렇게 해달라고 하거나, 아니면 혼자 할 수 있다고 대답했다.

이 우연한 만남은 성격적 강점이 지나치게 표현된 뒤에 어떻게 바뀌는지를 보여준다. 누가 봐도 앤의 강점 중 하나는 친절함이다. 달린을 도와주고자 했던 앤의 마음은 진심이었다. 그녀는 도움이 필요한 사람을 발견하고 행동을 취했다. 문제는 앤의 친절이 상황에 맞지 않았다는 점이다. 달린은 도움이 필요하지도 않고 도움을 원하지도 않았기 때문이다.

강점을 지나치게 사용하거나 혹은 사용하지 않으면 대인관계에 문제가 생기거나 웰빙에 장애가 될 수 있다. 상황에 맞춰 적절하게 사용해야 최적의 가치를 누릴 수 있다. 달린의 피드백을 받고 나서

앤은 겸손해졌고 관계를 개선하려는 의지를 보여주었다. 달린은 자신이 필요한 것과 원하는 것을 알려주는 용기와 끈기, 그리고 진정성을 보여주었다. 그런 다음 달린은 앤을 용서할 수 있었고, 둘은 좋은 관계를 맺을 수 있었다.

나는 할 수 있는 게 많은 사람이다

희망을 포함한 성격적 강점은 공짜로 얻을 수 있고, 필요할 때 얼마든지 사용할 수 있으며 보편적, 창조적, 그리고 타고난 동력원이다. 강점은 항상 우리 안에 잠들어 있고, 스위치가 켜지기를 기다리고 있다.

강점에는 24개의 독특한 특질이 있다. 당신이 다음 날 다음 시간 또는 다음 순간을 마주할 수 있게 해주는 것이 바로 강점이다. 심지어 당신이 그럴 필요를 느끼지 못할 때조차도.

성격적 강점은 우리가 존재하기 위해 꼭 필요한 것으로서 생존과 번영을 위한 핵심 역량이기도 하다. 그러므로 우리는 강점을 찾아내고 길러야만 한다. 그러한 핵심 역량을 사용하지 않으면 우리는 시들어버리고 만다. 우리에게는 강점이 있으므로 삶을 풍요롭게 만드는 잠재력을 발휘할 수 있다.

우리가 알아야 할 중요한 사실은 이런 강점은 항상 우리 안에 있다는 것이다. 뭔가가 그것들을 밀어 올리기를 기다리고 있다. 이 강점은 지진, 허리케인, 광산의 붕괴, 혹은 비행기 추락과 같은 불행이 닥쳤을 때 강력하게 모습을 드러내곤 한다.

1972년 우루과이에서 럭비팀을 태우고 칠레로 가던 전세기가 안데스산맥에 추락했다.[82] 탑승객 45명 중 28명이 살아남았는데, 열흘 뒤 구조 활동이 중단되고 말았다. 안데스산맥의 혹독한 추위에 높은 고도, 얼음장같이 차가운 눈 속에서 생존자들은 먹을 음식도, 추위를 잠깐 피할 곳도 없었다. 그들은 트랜지스터 라디오에서 흘러나오는 뉴스를 통해 구조 활동이 중단되었다는 소식을 듣게 되었다. 생존자들이 처한 상황은 절망 그 자체였다.

10주 후, 즉 산에서 죽을힘을 다해 사투를 벌이며 72일을 버틴 끝에 16명의 남자가 구조되었다. 이것은 인간의 회복탄력성에 대한 가장 극적인 실화 중 하나이다. 생존자들은 살아남기 위해 창의적인 집단 지능을 본능적으로 사용했다. 그들의 이야기는 인간의 정신 능력에 대해 많은 것을 가르쳐주었기에 전 세계의 헤드라인을 장식했다.

이들의 역경에서 눈여겨봐야 할 점이 있다. 그들은 간신히 몸만 가누면서 막연히 무슨 일이 일어나기만을 기다리다가 구조된 것이 아니다. 그들은 어둡고 얼어붙은 동체에 그저 하염없이 앉아 있지도 않았다. 생존자들은 그들의 회복탄력성과 성격적 강점으로 살아남은 것이었다.

이들은 우리 안에 생존 본능과 잠재력이 있다는 것을 보여주었다. 개인적으로, 혹은 집단적으로도 발현되는 이러한 특성은 바로 우리 DNA의 일부이다. 다시 말해 우리는 살아남기 위해, 그리고 번영을 위해 서로 연결된 존재들이란 뜻이다.

전기가 흐르는 전선이나 회로처럼 우리의 DNA 배선은 일종의 에너지를 전달한다. 이 에너지는 우리의 존재라는 섬유 속을 흐르며 본질을 점화시켜 창조적인 방법으로 생존을 향해 우리를 계속 밀고 나아간다.

콘센트에 플러그를 꽂거나 배터리에 연결하면 전기를 쓸 수 있는 것처럼, 우리 안의 이 전원 역시 쉽게 접근할 수 있고 특정 용도로 사용할 수 있다. 조명, 토스터, TV, 컴퓨터를 켤 수 있듯이, 우리는 내면의 스위치를 돌려 힘의 저장고를 켤 수 있다.

불가능한 확률과 거듭되는 실패에도 불구하고 비행기 추락 생존자들을 다르게 만든 요인은 오직 하나뿐이었다. 가능할 것이라는 믿음, 바로 그것이다. 헨리 포드가 말했던 그대로다. "당신이 할 수 있다고 생각하든 할 수 없다고 생각하든, 당신이 옳다."

럭비팀은 희망이나 인내와 같은 성격적 강점이 재난 상황에서 어떻게 빛을 발할 수 있는지 보여주었다. 그것은 마치 희망이라는 스위치를 켠 것과 같았다. 바로 지금 우리 모두 똑같은 잠재력을 가지고 있다. 우리의 성격적 강점은 어느 때고 부름을 받기 위해 기다리고 있다. 문제는 위기에 처하지 않았을 때도 어떻게 끌어낼 수 있느냐 하는 것이다.

좋은 성격을 하나쯤은 가지고 있다

성공심리학은 전통적으로 지적 능력과 기술에 초점을 맞추었다. 따라서 지능지수IQ와 기술력이 높으면 더 많은 것을 성취할 수 있다고 믿었다. 하지만 밝혀진 대로, 우리가 성격을 얼마나 잘 사용하느냐에 따라 인생에서 성취도를 두 배 더 높일 수 있다.

해당 제품에 대해 더 많이 아는 사람보다 실적이 더 좋은 끈기 있고 사회적 지능을 잘 활용할 줄 아는 영업사원을 생각해보라. 아니면 GPA(평점)는 다른 동료보다 낮지만 유머와 열정으로 무장한 사람은 또 어떤가. 심지어 우리가 선천적으로 재능을 타고났다고 하는 사람들도 마찬가지다. 코미디언 스티브 마틴은 자신의 경력에 대해 이렇게 말했다. "감사하게도, 인내야말로 재능을 대신할 최고의 대체물이다."

지난 15년간 개인의 덕성과 강점은 교육, 비즈니스, 치료, 코칭, 심지어 정부와 군대에 이르기까지 다양한 분야에 지대한 영향을 미쳤다. 성격적 강점은 긍정심리학의 주류로 떠올랐고 인간의 심리를 연구하는 거의 모든 영역에 영향을 끼치고 있다. 많은 연구에서 이러한 강점은 우리가 생존하는 것뿐만 아니라 번영을 위해서도 필요하다는 것을 보여주었다. 그러한 강점들은 우리 안에 엄청난 잠재력이 있다는 뜻이다.

하지만 그런 강점이 발휘되려면 무엇이 필요할까? 반드시 재앙이 닥쳐야만 강점을 발휘할 수 있을까? 아니면 이미 우리 안에 뿌리박고 있으니 그저 잘 자라게 하면 되는 걸까?

펜실베이니아 대학교에서 진행하는 펜 회복탄력성 프로그램PRP은 15만 명이 넘는 초등학교와 중등학교에 다니는 아이들의 회복탄력성과 성격적 강점을 발달시키는 데 도움을 주었다.[83] PRP는 학생들의 자기인식, 자기조절, 정신적 기민함, 연결성, 그리고 낙관주의를 높이는 것을 중심으로 최고의 성격적 강점은 무엇이며, 또 어떻게 사용하는지 가르쳤다.

그 결과 학생들은 행동 장애가 줄어든 것은 물론 우울증, 불안감, 절망감과 싸워나가며 정신 건강, 웰빙 및 삶의 만족도가 향상되었다. 이 프로그램의 효과가 입증되자 전 세계에서 긍정심리학을 가장 많이 활용하는 미 육군에도 도입되었다.

2009년부터 미 육군은 펜실베이니아 대학교의 긍정심리학센터와 협력하여 마스터 회복탄력성 훈련Master Resilience Training, 즉 MRT로 잘 알려진 육군 프로그램을 개발했다.[84] 훈련 교관과 함께 참여하는 이 프로그램은 임무 수행을 위한 종합 군인 체력단련Army's Comprehensive Soldier and Family Fitness을 통해 5만 5천 명 이상의 군인들이 수강했다. 무려 110만 명 이상의 군인들이 교육을 받은 단연코 세계 최대의 심리학 연구이다. MRT를 수강한 군인 중 90퍼센트가 실제로 도움이 되었다고 밝혔다.

MRT의 목표는 현역 군인과 재향군인들이 전투를 겪으면서 생겨난 부정적인 심리를 줄이고 예방하는 것이다. PRP는 원래 우울증을 완화하기 위해 만들어진 반면, MRT는 외상 후 스트레스 장애PTSD 예방과 웰빙 향상에 중점을 두었다. 부정적인 생각을 관리하는 방법을 배우고 자신의 성격적 강점을 개발하는 것이 이 프로그램의 핵심이다. 바로 이 책에서 배우고 있는 내용과 잘 맞아떨어진다.

우울증에 대처하는 것은 그 나름의 전투 방식이며, 군인들에게 도움이 되었던 많은 원칙들을 변형된 방식으로 이 책에 소개했다. 다음 장에서는 프로그램 참가자들이 특히 유용하다고 판단했던 MRT의 구성 요소, 즉 정신적 민첩성과 생각 함정thinking traps에 대해 중점적으로 다룰 것이다.

우리 안의 좋은 점을 측정해주는 안내서

당신 곁에 항상 우울한 순간들만 있었던 것은 아니다. 당신의 삶에는 더 좋은 순간들, 아마도 정말 멋진 순간들이 있었을 것이다. 다만 그것들이 사라졌을 뿐이다. 상실감은 종종 우울증을 유발하거나, 우울증을 유발하는 불안감으로 발전한다. 상실 후에 무기력에 빠지면 어떻게 되는지 이해하기 위해서는 성취감을 느낄 때 어떤 일이 일어나는지를 먼저 알아야 한다.

우울증을 극복해야 할 생리화학적 불균형 또는 감당해야 할 기분장애로 받아들이는 것이 아니라 우리가 자신의 강점을 사용하지 못했을 때 나타나는 심리 상태로 이해하면 어떨까? 그저 진짜 내 모습으로 살지 못해서 갑갑한 것이라면 어떨까?

우리 모두 따뜻함과 차가움, 밝음과 어둠, 슬픔과 행복을 구별할 수 있다. 그 2가지 사이에서 움직이길 원한다면 이러한 차이점을 이해하는 것이 중요하다. 우리는 무엇이 우리를 따뜻하게 하고, 밝고 행복하게 만드는지 알아야 한다. 그래야만 필요한 순간에 그런 상황을 찾거나 만들 수 있다. 성격적 강점은 상황에 잘 맞아떨어질 때 가장 효과를 발휘한다. 강점을 최적으로 사용하려면 상황에 맞게 조정해야 한다.

내 인생 최고의 시기 떠올려보기

● ● ●

당신의 인생에서 우울하지 않았거나 적어도 지금보다는 가벼웠던 때를 돌이켜보자. 아마 당신의 성격적 강점이 최적으로 작용했을 때일 것이다. 이번 연습을 위해서는 일기가 필요하다.

Step 1 : 모든 것이 더할 나위 없이 순조롭게 흘러갔던 때를 생각해보라. 그와 같은 최고의 시기는 짧게 끝났을 수도 있고, 아니면 지금까지 지속될 수도 있다. 아무튼 그 당시는 모든 것이 산만하지 않고 질서정연한 상태, 또는 이른바 몰입을 했던 시기일 것이다. 이때 당신의 삶은 마치 우주와 조화를 이룬 듯이 보였을 것이다. 당신은 기분이 좋았고, 별다른 노력을 하지 않고도 자연스럽게 일이 풀렸다. 가능한 세세한 것까지 많은 것들을 떠올려보라.

Step 2 : 다음 6가지 덕목과 관련된 성격적 강점 목록을 보고, 인생 최고의 시기에 사용했던 5~6개의 강점을 일기에 적어보자.

　　1. 지식과 지혜 : 창의성 또는 혁신, 호기심, 허심탄회함, 학구열, 통찰력

2. 용기 : 용감, 끈기, 진실성, 활력, 열정

3. 인간애 : 사랑, 친절, 사교성

4. 정의 : 시민의식, 공정성, 리더십

5. 절제 : 용서와 자비, 겸손, 신중함, 자기통제

6. 초월 : 심미안, 감사, 희망, 유머, 영성[85]

Step 3 : 이러한 강점들을 잘 살펴보라. 당신의 대표적인 강점들이 어떻게 발휘되어서 인생 최고의 경험이나 긍정적 사건을 경험하게 되었는지 곰곰이 생각해보자. 외부 환경 덕분이라고 느껴지더라도, 지금의 새로운 렌즈로 들여다보라. 그것은 내면의 강점으로 이뤄낸 긍정적인 감정과 경험일 것이다.

연구에 따르면 자신의 강점을 잘 활용하는 사람들은 몰입을 잘한다고 한다. 그 결과 웰빙과 건강, 그리고 성취 수준이 높아져서 심리적인 문제를 덜 겪는다. 최고의 경험을 선사해준 당신의 강점 목록, 다시 말해 최고의 강점 중 몇 가지를 확인했다. 성격적 강점을 어떻게 사용하느냐가 더 나은 삶으로 나아가는 문이 된다는 것을 알게 되었다.

우리의 대표적인 강점, 즉 우리가 누구인가를 나타내는 5개의 강점은 웰빙의 구성 요소와도 연결되어 있다. 실제로 자신의 강점이 무엇인지, 그것을 어떻게 사용하는지 아는 사람은 삶의 질이 3배, 직장 생활을 활발하게 할 가능성이 6배 더 높다.[86]

우울하거나 모든 일에 아무런 흥미가 생기지 않을 때는 성격적 강점을 찾아내서 사용하는 것이 더 나은 방향으로 변화할 수 있는 가장 직접적이고 지속 가능한 방법이다. 우리가 가장 힘들 때는 강점을 사용하지 못할 때이다.[87] 그 강점들을 사용할 수 없다고 상상해보라.

희망을 채우기 위해 지금 당장 해야 할 일

내 인생 최악의 시기 떠올려보기

. . .

일단 당신의 삶에서 유익한 것이 사라진다고 상상해보자. 그러면 이 강점이 어떻게 작동하는지 알 수 있다. 걱정하지 말라. 좋은 것은 즉시 되돌려놓을 테니까. 하지만 먼저 사악한 마법사를 소개하도록 하겠다.

Step 1: 당신의 황금기에 발휘된 성격적 강점의 목록을 보라. 모든 일이 순조롭게 잘 흘러갈 때 기분이 어땠는지 떠올려보라.

Step 2 : 이제 당신의 강점을 앗아갈 사악한 힘을 가진 마법사가 되었다고 상상해보자. 당신의 강점은 사랑일 수도 있고, 용기일 수도 있으며, 친절함 또는 창의성일 수도 있다. 그 시기에 강점이 무엇이었든 간에 지금은 사용할 수가 없다. 한 달 내내 최고의 강점들을 사용하지 못할 수도 있다고 상상해보라. 그렇게 되면 어떤 감정이 들지를 일기에 나열해보자. 가능한 많이 적어보자.

나는 사람들에게 최적의 경험을 가져다준 강점이 사라졌을 때 어떤 기분을 느낄지 큰 소리로 외쳐보라고 한다. 사람들이 외치는 단어들은 다음과 같다. 길을 잃은, 공허한, 무기력한, 진이 빠진, 화가 난, 슬픈, 절망적인, 쓸모없는, 텅 빈, 죽은, 불행한, 걱정스러운, 비참한, 무감각한, 고립된. 그러나 거의 모든 사람들이 맨 처음 외치는 단어는 '우울한'이다. 당신의 목록에도 있는가?

강점을 최적으로 사용할 수 없을 때 우리는 혼이 쏙 빠져버린다. 따라서 최고의 강점을 살리지 못하면 웰빙과 정신 건강에 해로울 수 있다. 이것이 우울증의 원인이 될 수 있을까? 미국 심리학의 아버지 윌리엄 제임스는 이렇게 말했다. "어떤 유기체가 잠재력을 다하지 못하면 병들게 된다."

마지막 연습은 긍정적인 뺄셈이다. 우리는 어떤 것을 뺐을 때 우리 삶이 어떨지 알아보았다. 그렇다면 반대로 그것이 있을 때 삶이 어떤지 알 수 있다. 다시 한 번 되돌아보자. 그런 상황이 발생하지 않았다면 지금의 가장 친한 친구나 연인이나 배우자를 어떻게 만나게 되었을지 상상해보라. 만나지 않았다면 현재 당신의 삶은 어떨까? 긍정적인 뺄셈은 인생에서 당신이 가진 것과 곁에 있는 사람들에게 감사하는 마음을 느끼게 해준다.

너무 적게 또는 너무 지나치게

강점을 이해하고 사용하는 데 중요하면서도 어쩌면 필수적인 것이 있다. 강점은 적절한 상황에서 적절하게 쓰여야 한다는 것이다. 너무 과하거나 너무 모자라지 않아야 한다. 바이올린 줄이 너무 팽팽하거나 느슨하면 불협화음을 내고 말 것이다. 강점을 너무 많이 또는 너무 적게 사용하면 최적의 결과를 내는 것이 아니라 부작용을 초래할 수도 있다.

예를 들어 친절한 행동은 누가 봐도 좋은 일이다. 힘들게 물건을 나르는 사람을 발견하고 도와주는 것은 나쁜 일이 아니다. 하지만 달린의 이야기에서 보았듯이 상대가 원하지 않을 때는 친절한 행동이 침해가 될 수도 있다. 휠체어를 탄 달린을 보고 도와주려고 했던 앤의 친절함은 너무 과한 나머지 침해가 되고 말았다. 친절이라는 강점이 적절하게 발휘되었다면 잘 조율된 바이올린처럼 하모니를 이뤘을 것이다.

강점을 너무 적게 또는 너무 지나치게 사용하면 부정적인 결과를 초래하지만, 최적으로 사용하면 긍정적인 결과를 낳는다.[88] 좀 더 구체적으로 알아보자. 사교성이나 겸손이 지나치거나, 또는 열정, 유머, 자기조절, 사교성이 부족한 것도 우울증의 전조인 사회적 불안과 연관이 있다.

우리의 강점을 파악하고 최적의 방식으로 사용함으로써 바람직하지 않은 경험을 피하는 동시에 긍정적인 마음과 행동을 향상할 수 있다. 그것이 우리가 추구하는 행복한 균형이다. 정신 건강에 대한 새로운 접근 방식은 단지 설명하는 데 그치지 않고 처방과 대안을 제시한다.

강점을 과도하게 사용하는 경향이 있는가? 아니면 강점을 충분히 활용하지 않는가? 강점을 올바르게 사용하지 않는다면 문제에 맞닥트리게 될 것이다. 다음의 강점 목록을[89] 읽고 일치되지 않는 것이 있는지 확인해보자. 이를 통해 강점을 최적으로 사용할 수 있는 로드맵을 얻게 될 것이다.

강점	적게 사용	지나치게 사용
창의성	순응	별스러움
호기심	무관심	참견
평가	경솔	냉소
학구열	안주	잘난 척
통찰력	피상적	고자세
용감함	비겁	만용
끈기	여림	집요함
정직	허위	고결함
열정	나태	과잉 행동
사랑	정서적 고립	정서적 혼란
친절	무심함	주제넘은 참견
사교성	미숙함	과잉 분석
팀워크	자기중심	의존성
공정성	당파심	거리를 둠
리더십	준수	횡포
용서	무자비	방임
겸손	과대망상	비하
신중함	감각 추구	고루함
자기조절	방종	억제
심미안	잊어버림	완벽주의
감사	개인주의	아첨
희망	부정 편향	긍정 편향
유머	과하게 진지함	들뜸
영성	사회적 무질서	광신

일주일에 하루 강점 발휘해보기

• • •

앞으로 24시간 동안 당신의 가장 큰 강점 중 하나를 어떻게 하면 새롭고 다른 방식으로 사용할지 생각해보라. 중요한 것은 바로 중용이다. 강점을 상황에 맞게 올바른 방법으로 사용해야 한다.

다음 한 달 동안 이런 방법으로 하루에 강점 하나씩 사용해보라. 그렇게 해서 각각의 강점과 최적의 사용법을 배울 수 있다. 강점이 적절히 사용되었는지 매일 기록하는 것이 가장 좋다. 당신이 생활하는 환경에서 당신의 강점이 적절하게 발휘되었는가?

희망을 자극하는 가장 중요한 요인은 미래에 대한 생각이다. 자신의 강점을 어떻게 사용할지 생각해보는 것이 성장을 도모하는 방법이다. 당신의 강점을 최상으로 발휘하라.

매일 하는 희망 수업

지금까지 당신은 우울한 기분을 완화하고 건강과 웰빙을 향상하는 방법을 배웠다. 하지만 우울한 기분의 진짜 문제는 거기에서 벗어나는 것이 아니다. 다시 그 속에 빠져들지 않아야 한다. 재발을 막기 위해서는 다른 기술, 즉 희망을 배워야 한다.

희망은 우리를 가두는 생각의 습관에서 벗어나 강점을 최적으로 사용할 수 있는 힘을 준다. 강점을 사용하면 희망을 자극하여 우울한 기분이 다시 고개를 쳐드는 것을 예방할 수 있다. 걱정과 두려움에서 벗어나 어떻게 최고의 강점을 사용할 수 있을지 생각하는 것만이 우울한 기분에 빠지지 않고 계속 앞으로 나아갈 수 있는 수단이다.

우울해지지 않는 가장 좋은 방법은 브루스 스프링스틴Bruce Spring-steen의 책《본 투 런Born to Run》90에 가장 잘 요약되어 있는지도 모른다. "당신이 해야 할 일은, 당신의 진정한 자아가 되는 위험을 감수하는 것이다."

당신의 삶에서

늘 우울한 순간만 있었던 것은 아니다.

좋은 순간들,

정말 멋진 순간들을 떠올려보자.

6장

조금 울퉁불퉁해도
걸어가 보기

아주 작은 목표부터 시작해서 큰 목표 세우기

인생에서 가장 커다란 덫은 성공도, 인기도, 권력도 아니다.
그것은 자기거절(self-rejection)이다.
- 헨리 나우웬

에이미는 내가 만난 가장 우울한 사람이다. 에이미에게 도움이 되는 것이라고는 아무것도 없었다. 의사가 처방해준 약물도 소용없었다. 나는 의욕을 갖고 몰입할 만한 것을 찾아보라고 제안하며 격려했지만 에이미는 늘 변명거리만 찾아낼 뿐이었다.

에이미가 집에서 나오는 시간이라고는 매주 나하고 상담할 때뿐이었다. 먹을 것도 집으로 배달시키고, 친구들이 초대해도 가지 않았다. 그녀는 온종일 집에서 잠을 자는 것이 일상이었다. 하지만 상담 치료는 빼먹지 않고 꼬박꼬박 챙겼다. 항상 약속 시간 정각에 들어와서 자신이 왜 바뀔 수 없는지 이야기하고 다음 진료 예약을 잡았다.

그러던 어느 날 에이미가 처음으로 늦게 들어왔다. 그녀는 미안하다고 하며 종이 접시를 사러 편의점에 들렀는데 예상보다 시간이 오래 걸렸다고 말했다. 나는 혹시 손님 접대를 하려나 싶어 내심 기뻤다. 그러나 오래전에 깨끗한 접시가 다 떨어져 종이 접시에 담아 먹고 있다는 것이었다.

"설거지는 해보셨어요?"

에이미가 고개를 흔들었다.

"너무 손이 많이 가요. 그럴 기력도 없고, 그런다고 뭐가 달라지나요. 어차피 집에 오는 사람도 없어요. 우리 집이 어떻게 보이든 신경 안 써요."

"그래도 설거지를 하고 집 안을 쾌적하게 정리하면 기분이 나아질지도 모르죠."

에이미는 완강히 거부했다. 나는 일주일에 하루 날을 잡아 접시 하나만 닦아보라고 설득했다. 그녀는 마지못해 그렇게 해보겠다고 약속했다. 바로 그날 밤 에이미가 전화를 걸어왔다. 그때까지 들어본 중 가장 활기찬 목소리였다.

"박사님 말씀이 옳았어요. 접시 하나를 닦아서 깨끗한 조리대 위에 놓으니 기분이 좋아지더라고요. 기분이 좀 묘했죠. 어떻게 된 일인지 접시 1개가 기분을 좋게 만드네요. 그래서 하나 더 씻어봤죠. 접시 2개가 나란히 올려진 모습을 보니까 문득 해볼 만하다는 생각이 들더라고요. 설마, 이럴 수가. 그래서 접시를 몇 개 더 씻었어요. 하나씩 씻을 때마다 조금씩 기운이 났어요. 깨끗한 접시를 차곡차곡 쌓아놓았죠. 하나씩 씻어서 쌓을 때마다 내 인생이 괜찮을 것 같은 느낌이 들었어요. 이제 집 전체를 청소하고 싶어졌어요."

148

접시를 닦는 일이 에이미에게 전환점이 되었다. 그렇게 해서 그녀는 미래에 대한 계획을 세운 것은 물론, 긍정적이고 지속 가능한 변화를 만들어나가면서 나와 함께 치료를 마쳤다. 마지막 만남에서 에이미는 기억을 떠올려주는 일종의 상징물로 뜯지 않고 보관해두었던 종이 접시를 내게 건넸다.

에이미의 이야기는 작은 목표가 어떻게 긍정적인 감정을 불러일으키고, 아울러 우리의 기대를 변화시키는지를 보여준다. 우울할 때는 어떤 불안감이 우리의 생각과 행동에 영향을 미친다. 그렇게 되면 우리는 자신감, 능력, 에너지를 잃게 된다. 중요한 것을 잃고, 고립되기 시작하며, 때때로 갈 곳을 잃고 표류하는 듯한 기분이 든다. 우리의 목표는 허물어진다. 미래를 생각해봐도 다 쓸모없다고 여기기 때문에 더 이상 의미 있는 목표를 만들어내지 않게 된다. 이런 일이 당신에게도 일어났는가?

그렇다면 믿음 뒤에 숨겨진 결정에 도전하고, 부정적인 생각을 멈추기 위해 할 수 있는 모든 것을 하라. 이미 배웠듯이 믿음은 미래를 헤아리는 결정에서 나온다. 믿음이 부정적인 생각을 만들 때 우울증이 우리를 가둬버린다. 미래가 암울하다고 생각하기 때문이다.

이제는 목표를 세워서 희망을 기르는 방법을 배우는 한편, 제한적 신념, 즉 목표를 억압하는 생각의 함정을 밝혀낼 것이다.

나를 지지해주는 누군가가 필요할 때

긍정적인 시각으로 바꾸려면 우리가 추진력을 잃지 않도록 다른 사람들의 도움이 절실하다. 케이 A. 허스Kaye A. Herth가 간호학과 의학 및 건강심리학에 지대한 영향을 미쳤던 연구에서[91] 보여주었듯이, 다른 사람들이 우리에게 제공하는 관점은 오래 남는다. 수백 개의 연구가 미래의 목표를 이루기 위한 방법에 대해 내가 공유하고자 하는 내용을 뒷받침해준다.

목표를 설정하면 우리는 계속 생산적인 방향으로 순조롭게 나아가게 된다. 의지를 불러일으키기 위해 목표를 재조정했던 암 환자 수전을 기억하는가? 그녀는 동기부여와 수단이라는 올바른 조합을 찾아 희망을 활성화하는 방법을 배웠다. 수전은 자신의 목표를 지지해줄 다른 사람들에게 도움을 청했기 때문에 성공할 수 있었다. 소속감을 느끼고 정신적 지지를 받으면 희망적인 느낌을 계속 간직할 수 있고, 목표를 향한 궤도에서 쉽게 이탈하지 않는다.

자신의 웰빙을 위한 것이든, 혹은 우울한 기분을 벗어나기 위한 것이든 사회적 지원이 분명 도움이 된다는 연구 결과가 있다. 그것은 마치 우리 삶을 위한 '기적의 비료'와 같다. 다른 사람들이 자신을 지지해준다고 느낄 때 성공 기회가 극적으로 향상된다.

중학생과 10대 청소년 및 대학생을 대상으로 진행된 연구에서는 사회적 지지가 목표를 달성하는 데 얼마나 효과적이었는지를 보여주었다. 학생들 모두 또래 집단의 지지를 얻었을 때 더 잘해 냈다.

또한 사회적 지지는 우울증을 완화하는 데도 효과가 있다. 옥스퍼드 대학교에서 3만 명을 대상으로 진행한 연구에서 마음챙김 명상이 항우울제만큼 효과적이라는 결론이 나왔다.[92] 그리고 이후 별도로 진행된 연구를 통해 마음챙김이 암 회복에 미치는 영향을 사회적 지지에 따라 비교했다. 그 결과 사회적 지지를 받은 사람들이 스트레스에 더 잘 대처한다는 것을 알 수 있었다.

또 다른 연구에서는 우울증이 있는 사람들이 목표를 이루는 과정에서 사회적 지지를 받으면 일상생활에서 훨씬 더 긍정적인 영향을 받는다는 사실이 입증되었다.[93] 다시 말하면 기분을 바꾸고자 노력할 때 다른 사람이 도와주면 더욱 좋아진다는 것이다. 사회적 지지는 우울증을 예방할 뿐만 아니라 목표 달성에도 도움이 된다.

지지를 아끼지 않는 사람들이 곁에 있으면 왜 강력한 힘이 발휘되는 걸까? 그 이유는 직접적 연결에 있다. 사회적 고립은 종종 우리를 가둬놓는다. 이것은 우울증의 핵심 증상이기도 하다. 외로움은 종종 우리가 원하는 것과 우리가 가진 것 사이, 또는 갈망하는 것과 현실의 격차에서 비롯된다.

당신은 배우자와 동료, 그리고 여러 사람과 관계를 맺으며 살아간다. 하지만 마음의 혼란, 의심, 주저함이 외로움을 느끼게 할 수도 있다. 그러면 주변에 다른 사람들이 있어도 외로움을 느낄 수 있다. 이러한 외로움은 면역체계, 스트레스 반응, 심장 건강, 그 밖에 여러 질병을 끊임없이 발생시키기도 한다.

외로움은 만성적으로 당신의 에너지를 빼앗고 부정적인 생각이 더욱 강해진다. 누군가에게 도움을 요청할 때, 어렵게 느껴지더라도 이 한 번의 노력으로 우리는 더 나은 방향으로 매우 빠르게 변화할 수 있다.

나는 혼자 있는 시간이라도 건강한 시간과 사회적 고립은 구별하고자 한다. 살다 보면 책을 쓸 때와 같이 생각을 집중하기 위해 사람들과의 접촉을 줄여야 할 때도 있다. 혼자 집중하는 시간은 웰빙을 개선하는 데 도움이 되기도 한다. 하지만 이것은 사회적 고립이나 정서적 외로움과는 다르다.

인간관계에서 상실감을 느끼면 우울증이 생기기도 하지만, 다른 이들을 우리 삶 속에 받아들이면 행복과 웰빙에 크나큰 원천이 될 수 있다.

아주 작은 것부터 시작해보자

모든 것을 한꺼번에 바꾸려고 하기보다는 그저 접시 하나를 씻음으로써 에이미는 희망으로 향하는 여정을 열었고, 긍정적인 에너지의 상승 나선을 만들어냈다. 긍정적인 기분이 계속 확장되어 더 큰 목표를 설정하고 성취할 수 있었다. 에이미는 슬럼프에서 벗어나기 위한 가장 효과적인 기술을 사용했다. 작은 것으로 시작해 이를 기반으로 큰 성공을 만들어낸 것이다. 그리고 자신을 지지해주는 사람과 점점 나아지고 있는 자신의 모습을 공유했다.

목표를 세우고 달성하는 과정은 분명 우울증의 손아귀에서 벗어나는 데 도움이 된다. 목표를 세우는 방법으로 가장 효과적인 것이 SMART 기법[94]이다. Specific(구체적인), Measurable(측정 가능한), Actionable(실행 가능한), Realistic(현실적인), Timely(시기적절한)의 이니셜을 뜻하는데 각각의 요소는 목표를 달성하는 데 중요한 역할을 한다.

- '체중 감량'과 같이 일반적인 목표가 아니라 '5킬로그램 감량'과 같이 구체적인 목표를 정한다.
- 목표는 측정 가능한 것일수록 좋다. 다이어트를 시작할 때와 진행하는 과정에서 몸무게를 재보고 목표를 정한다.
- 5킬로그램 감량은 충분히 실현 가능한 목표이다. 진척 상황을 측정하는 것은 실행 가능한 일이 일어나고 있다는 것을 뜻한다. 샌드위치에 감자튀김 대신 채소를 넣거나 저녁 식사 후 디저트를 거른다.
- 목표를 실현하기 위해서는 감량 기간을 6일이 아닌 6개월로 정한다.

- 마지막으로 이런 유형의 목표는 시기적절해야 한다. 5킬로그램을 감량하는 데 10년씩이나 걸려서는 안 된다. 충분히 몰입할 수 있는 기한이어야 한다.

"몸무게를 재지 않고 앞으로 10년 동안 살을 빼고 싶다"와 "앞으로 6개월 동안 2주에 한 번씩 몸무게를 측정하면서 5킬로그램을 감량하고 싶다"를 비교해보라. SMART 기법은 목표를 달성하기 위해 세부적인 계획을 세우는 것이다.

이제 당신은 몇 가지 목표를 스스로 설정해볼 것이다. 우선 작은 목표를 세워서 성공하고 나면 더 큰 목표를 향해 나아갈 것이다. 작은 성공으로 시작해서 하나씩 더 큰 성공을 쌓아가라. 달력이나 앱을 사용해서 성공을 눈에 보이게 표시해보자. 작은 것부터 시작해서 목표를 달성하면 자신감이 점점 쌓인다. 그 자신감 하나만으로도 계속할 수 있게 될 것이다.

다른 사람의 지지는 2가지 방법으로 도움이 된다. 첫째는 책임감이 생기고, 둘째는 몰입하게 된다. 또한 자신에게 해를 끼치거나 생각의 함정에 빠지지 않도록 도와준다.

생각의 함정에 빠져 허우적댈 때

목표를 향해 나아가는 당신을 방해하는 생각이 무엇인지를 알아야 한다. 비즈니스 사상의 선구자 존 스펜스John Spence가 말했듯이 "정면으로 맞서길 거부한다면 당신은 아무것도 바꿀 수 없다." 1장에서 당신에게 어떤 부정적인 생각들이 계속 반복되는지를 적어보라고 했다. 이것이 바로 당신의 발목을 붙들어 앞으로 나아가지 못하게 만드는 생각이다. 그러한 생각들을 찾아내서 당신을 지배하려 드는 힘에 도전해야 한다.

이제 부정적인 생각들을 직접 대면해보자. 먼저 부정적인 생각들이 무엇인지 보자. 반복되는 생각은 전륜구동차처럼 움직이며 한 방향 아니면 다른 방향으로 돌릴 수 있다. 반복적으로 되풀이되는 부정적인 생각은 바퀴를 세게 왼쪽으로 돌려서 우리를 계속 제자리에서 빙글빙글 돌게 한다. 다음 목록에 적은 것과 같은 생각을 해본 적 있는가? 있다면 생각의 함정에 빠졌을 가능성이 있다.

생각의 함정은 동일한 패턴으로 생각하는 습관을 말한다. 그런 생각은 상황을 제대로 인식할 수 없게 만들어 상황이 더욱 악화된다. 그런 부정적인 생각은 흔히 나타나므로 발견하는 즉시 맞닥뜨려서 고통을 줄이고, 관점을 바꾸면 더 많은 즐거움을 누릴 수 있다.

여기에 자신 또는 다른 사람들이 자주 하는 부정적인 생각들이 있다. 1장에서 연습할 때 이런 생각 중 몇 가지를 적기도 했을 것이다.

나는 부족해.

내가 다 망쳐버릴 거야.

난 결코 불안감을 떨치지 못할 거야.

나는 할 수 없어.

나는 운이 없어.

그냥 포기해야 할까 봐.

완벽하지 않은 건 뭐든 다 실패야.

내가 망쳤어. 이제 모든 게 다 엉망이야.

나는 내가 원하는 사람이 되지 못할 거야.

난 너무 나약해.

지금보다는 더 잘해야 하는데.

남들이 날 멍청하다고 생각할 거야.

그녀는 날 좋아하지 않을 거야.

아무도 나를 신경 안 써.

아무도 날 사랑하지 않아.

나는 만날 실수만 저질러.

나는 바보 같아.

나는 루저야.

기절할 것 같아.

미쳐버릴 거야.

내가 망가져도 아무도 안 도와줄 거야.

잘못을 저지르고 어쩔 줄 몰라 당황하겠지.

나는 못 이겨.

너무 늦었어.

나는 머리가 안 좋아.

나는 실패자야.

내가 뭘 하든, 아무것도 변하지 않을 거야.

나 진짜 왜 이러지!

차라리 죽어버리는 게 낫겠어.

나는 감정 조절이 안 돼.

실수하면 안 돼.

이러한 생각 중 하나가 마음속에서 반복된다면, 그것은 근원적 신념 체계에서 생성된 것이다. 반복된 생각은 함정이다.[95] 이런 생각이 반복된다면 당신은 하강 나선에 빨려들어 간 것이다. 당신의 생각이 균형을 잃었다는 신호이다. 생각의 함정은 유형과 정도가 제각기 다르지만 한 가지 공통점이 있다. 바로 끊임없이 반복된다는 것이다.

세상에는 회색과 베이지색도 있다

어쩌다가 한번 들었던 생각은 큰 영향을 주지도 않을뿐더러 거의 알아차리기도 힘들다. 그러나 끊임없이 떠오르는 생각은 문제를 일으킨다. 신념 또는 믿음은 반복적인 사고 습관이다. 생각의 함정은 미래에 대한 기대감을 떨어뜨리는 부정적 믿음이 반복되는 것이다. 부정적인 믿음이 머리에 파고들면 당신의 생각과 행동이 제한될 수밖에 없다.

그러므로 어떤 생각이 자주 떠오르는지 알아차리는 것이 변화의 시작이다. 그것을 알아야 더 나은 방향으로 변경할 수 있다. 다음은 몇 가지 일반적인 생각의 함정들이다.[96] 자신이 이런 문제를 겪고 있는지, 그것을 바꾸기 위해 무엇을 할 수 있는지 알아볼 것이다.

전부 아니면 아무것도 아니라는 식의 생각(흑백논리)은 오로지 극단적으로 좋거나 나쁜 선택만 있다고 여기는 것이다. '회색' 또는 '베이지'라는 선택안은 아예 없다고 생각한다. 그 사이에서 고려할 수 있는 것은 아무것도 없다는 얘기다. 모든 일은 좋거나 나쁘거나, 성공하거나 실패하거나, 옳거나 그르거나 둘 중 하나일 뿐이다.

158

예를 들어 다이어트 중에 한 번 몰래 먹었다고 하자. 그렇다고 해서 체중 감량 목표가 완전히 물거품이 된 것은 아니다. 약간 차질을 빚었지만 내일 다이어트를 새로 시작하고 실수를 바로잡으면 된다. '완벽하지 않은 건 뭐든 실패야', '사탕을 먹어버렸으니 이제 다이어트는 망했어'라고 생각하는 것이 흑백논리다.

충분한 정보 없이 자기 생각만으로 미루어 짐작할 때 우리는 흔히 단정을 지어버린다. 이를테면 에이미는 이혼하면 영원히 독신으로 살게 될 거라고 생각했다. 하지만 대부분의 사람들이 이혼 후 다시 사랑을 하게 된다. 이러한 사실로 생각의 함정에 맞서야 한다.

생각의 함정은 영리해서 그것을 뒷받침해줄 행동을 끌어당긴다. 예를 들어 에이미는 새로운 사람을 만날 수 있는 장소에 가지 않게 되었다. 새로운 사람을 만나려고 하지 않았기 때문에 생각의 함정이 지배해버린 것이다. 남자친구가 전화를 받지 않는다면 '그는 지금 바람을 피우고 있어. 지금쯤이면 집에 돌아와 있어야 할 시간인데, 전화를 안 받는 걸 보니 다른 사람을 만나고 있는 게 분명해'라는 생각의 함정에 빠지게 된 당신은 그가 꽉 막힌 도로에 갇혀 있다거나 샤워를 하고 있을 거라는 다른 정보를 절대 용납하지 않고 단정을 지어버린다.

마인드리딩mind-reading(생각 읽기)은 다른 사람들이 무슨 생각을 하는지 알고 있다고 믿거나, 또는 당신이 무슨 생각을 하고 있는지

159

다른 사람들이 알 것이라는 믿음에서 비롯된다. '아무도 날 사랑하지 않아. 사람들은 날 멍청하다고 생각해. 그녀는 날 좋아하지 않아. 아무도 신경 안 써.' 지나친 일반화는 최소한의 경험만을 가지고 자신(또는 타인)을 전체적으로 판단하는 것이다.

'아무도 신경 쓰지 않아. 아무도 날 사랑하지 않아. 나는 실패자야. 나는 절대 못 이길 거야. 나는 루저야. 나는 부족해.' 단 한 가지 나쁜 경험이 우리 생각을 왜곡하는 것이다. 생각의 함정에서 자주 나타나는 단어는 '항상' 또는 '절대'이다. '나는 불안감에서 절대 헤어나지 못할 거야. 나는 항상 실수를 저질러.'

에이미의 친구 중 딱 한 명만 전화를 걸지 않았을 뿐인데, 그녀는 친구들이 전부 다 자신에게 신경 쓰지 않는다고 생각했다. 마인드리딩이 지나친 일반화 위에 쌓인 것이다. 이렇듯이 때때로 생각의 함정이 함께 작동하여 우리를 방해한다.

모든 것이 부정적 렌즈를 통해 여과되는 것은 비관주의의 궁극적인 형태라고 할 수 있다. 부정적인 것만 기가 막히게 알아차린다는 것이다. 당신이 훌륭하게 발표를 마쳤을 때 마침 눈에 지루함이 가득한 사람이 포착되었다. 그러면 당신은 '내 발표가 재미없었구나'라고 생각한다.

아무리 좋은 일이 일어나도 잘못된 것, 효과를 발휘하지 못한 것, 실망스러운 것에만 초점을 맞춘다. 사람들이 자신의 발표를 재미

없고 지루하게 여겼다는 것만 받아들이다 보면 지나치게 일반화할 지도 모른다. '난 사람들 앞에서 말하는 게 영 서툴러.'

개인화 또는 외부화는 모든 것이 당신의 잘못이거나 다른 사람의 잘못이라고 생각하는 것이다. 개인화하게 되면 일어난 상황에 대해 자신이 과도한 책임을 진다. 외부화하면 발생한 일을 자신이 아닌 다른 사람의 잘못으로 여겨버린다. '내가 뭘 하든 상황은 변하지 않을 거야. 나 왜 이러지?' 이런 사람들은 결코 상황을 올바르게 이해하지 못한다.

파국화는 뭔가 나쁜 일이 발생할 수 있다고 생각하는 것이다. 우리는 최악의 상황을 상상하면서 결코 대처할 수 없을 거라고 생각한다. 하지만 최악의 경우는 거의 발생하지 않으며, 일어난다 하더라도 대처할 방법을 얼마든지 찾을 수 있다.

파국화는 우리에게서 점차 생명력과 에너지를 빼앗아간다. '나는 완전 패닉에 빠지겠지. 내가 실수하면 아무도 나를 도와주지 않을 거야. 나는 웃음거리가 되고 너무 창피할 거야.' 이처럼 최악의 상황이 닥칠 거라고 확신해버린다.

'나는 기절할 거야. 나는 미쳐버리고 말 거야. 난 너무 나약해. 난 이길 수 없어. 나는 절대 내가 원하는 대로 살아가지 못할 거야. 난 할 수 없어.' 이런 생각 때문에 성공이 멀어져 간다. 왜냐하면 생각의 함정이 우리의 노력과 신념을 제한하기 때문이다.

유명한 심리학자 앨버트 엘리스Albert Ellis는 항상 '해야 한다must'
는 말을 입버릇처럼 달고 사는 사람들을 '머스터베이터Must-erbater'
라고 말했다. 당신이 어떻게 행동해야 하는지 끊임없이 스스로에게
말하는 것은 자신과 다른 사람들에게 불안과 실망을 안겨준다. '나
는 절대 걱정해서는 안 된다. 나는 감정을 다잡아야만 한다. 나는
절대 실수해서는 안 된다.'

희망을 채우기 위해 지금 당장 해야 할 일

내 마음을 가득 메우고 있는 것들

• • •

당신을 꼼짝 못 하게 하는 부정적인 생각들이 무엇인지를 찾아보라. 생각의
함정이 어떤 유형인지를 아는 것 자체는 그렇게 중요하지 않다. 그보다는 되
풀이되는 부정적 생각이 함정이라는 사실을 이해하는 것이 더 중요하다. 일
상적으로 당신의 마음을 가득 메우는 생각이 무엇인지 찾아보라.

이제 자기성찰과 연습을 통해 어떻게 반복적인 생각이 믿음을 만들어내고
당신의 미래에 영향을 미치는지 알 수 있다. 이런 부정적인 생각들 때문에 당
신이 하지 못하는 것은 무엇인가? 그런 생각은 무엇을 예측하는가? 가능하
다면 그 생각을 바꾸고 싶은가?

생각의 함정 깨뜨리기

생각의 함정과 우울한 기분에서 희망이 떠오를 수 있다. 성격적 강점을 파악하고 이를 토대로 부정적 생각에 도전하거나 일상의 작은 목표를 이루면서 우울증에서 벗어날 수도 있다. 우리는 미래에 기대하는 것을 향해 나아갈 잠재력을 깨울 수 있다. 우리의 믿음은 행동을 바꿀 수 있고, 우리의 행동은 믿음을 바꿀 수 있다.

생각의 함정을 깨뜨리기 위해서는 현재 자신이 가정한 것들에 이의를 제기해야 한다. 생각의 함정에 빠진다는 것은 앞으로 어떻게 행동할 것인지에도 영향을 미친다. 생각을 바꾸지 않으면 부정적인 생각대로 행동하고 선택하겠다는 것과 같다. 상황을 좋게 만들 수 있는 선택을 하지 않는다는 것은 계속 고통 속에서 살겠다는 뜻이다.

희망을 채우기 위해 지금 당장 해야 할 일

내가 지나치고 있는 것들

. . .

이제 어떤 부정적 생각[97]들이 반복되는지, 그것이 어떤 유형인지도 알았다면 다른 가능성을 찾아내 생각의 함정을 약화할 수 있다. 다른 가능성을 고려하지 않고 너무 빨리 결론에 도달했는가? 당신의 흑백논리가 과연 모든 것

163

을 고려하였는가? 아마 아닐 것이다. 그렇다면 무엇을 간과했는가?

마인드리딩을 하는 대신 다른 사람들에게 정보를 구하거나 거리낌 없이 물어보자. 과연 자신의 부정적인 믿음이 타당성 있는 것인가? 생각의 함정을 검토해보고 그와 반대되는 증거들을 기록해보자. 더 많은 정보를 구하고, 다른 관점에서 생각해보기도 하고, 혹시라도 간과했던 핵심 정보가 있었는지 물어보면서 검색 범위를 넓힌다.

생각의 함정이 사실이 아니라는 것을 증명하는 가장 명확한 방법은 반대 증거를 만들기 위한 목표(흔히 미시적 목표)를 세워보는 것이다. 부정적인 믿음 중 가장 흔한 것은 '나는 할 수 없다'이다. 이 믿음을 무너뜨리는 미시적 목표는 그에 맞서는 행동을 하는 것이다.

생각의 함정은 우리의 신념을 제한하고, 목표를 달성하고자 하는 우리의 희망을 제한한다. 내 친구 캐시는 항상 책을 쓰고 자신의 이야기를 하는 것에 관심이 많았다. 그러나 막상 내가 그렇게 해보라고 용기를 북돋워주면 그녀는 못한다고 말했다. 자신에게는 재능도, 체력도, 훈련도, 지식도 없다는 것이다. 나는 캐시에게 계속 시도해보라고 했지만, 그때마다 그녀는 할 수 없다는 말만 반복했다.

나는 그녀에게 그냥 책의 첫 문장만 한번 써보라고 격려했다. 첫 문장은 어떻게 시작할까? 그냥 첫 문장을 써보면 된다. 이틀 뒤 캐시가 첫 문장을 써서 이메일로 보내왔다. 정말 머리에 쏙 들어오는 문장이라고 말해주자 캐시는 몹시 뿌듯해했다.

나는 첫 단락은 어떤 내용이냐고 그녀에게 물었다. 그 첫 단락은 1장이 되었고 그런 다음 책의 윤곽이 잡혔다. 비록 몇 년이 걸리긴 했지만, 캐시는 첫 책의 제안서를 에이전시와 출판사에 제출해서 계약을 맺었다. 자신이 품었던 생각과 정반대인 것이 옳았음을 입증한 미시적 목표를 달성함으로써 그녀는 자신의 신념 체계가 잘못되었음을 스스로 증명했다. 캐시의 성공은 자신의 부정적인 믿음, 생각의 함정이 틀렸다는 것을 증명하면서 계속 좋은 영감을 주었다.

우리의 정신은 상반되는 정보에 부딪히면 자연스럽게 성장한다. 자전거를 타지 못할 거라고 생각하면서도 타고 싶어 하는 아이를 생각해보라. 실제로 할 수 있을 때까지는 절대 못 할 거라고 굳게 믿는다. 당신에게도 아마 그런 기억이 있을 것이다. 정말 못 할 줄 알았는데 어느새 자신이 그 일을 하고 있다. 그 순간 뭔가 할 수 있을 것 같다는 가능성이 열린다. 미시적 목표를 이루면 부정적 생각의 함정이 무력해진다.

생각의 함정이 우리의 행동에 어떤 영향을 미치는지 이해하고, 그 함정을 해체하기 위한 방법은 5장에서 배운 대규모 프로그램의

극적인 결과를 낳았다. 펜 회복탄력성 프로그램PRP을 통해[98] 다양한 연령층의 학생들이 자신의 강점을 개발하는 것은 물론 생각의 함정에 맞서는 전략을 배웠다. 생각의 함정에 도전한 후 1년여 간 참가자들의 우울증이 줄어드는 효과가 나타났다. 이 연구는 미 육군이 사용하는 마스터 회복탄력성 훈련MRT의 바탕이 되었고, 성인을 대상으로 같은 프로그램을 진행하고 있다.[99] 자신의 강점을 이해하고 생각의 함정 뒤에 숨은 부정적 신념을 무너뜨리는 연습을 한 결과 약에 의존하지 않고 우울증을 줄일 수 있었다.

매일 하는 일이 실패처럼 느껴질 때

목표가 너무 멀리 있으면 시작하기도 전에 패배감을 느낀다. 희망은 불확실한 순간에 나타난다. 노력해봐야 안 될 게 뻔하다면 누가 '뭐하러 귀찮게' 시작하겠는가? 아무리 훈련한들 마라톤을 뛸수 없다고 확신한다면 의욕이 꺾이고, 결국 마라톤을 뛸 일은 없을 것이다. 또한 너무 커다란 목표도 작은 목표와 같은 방식으로 성과를 거두지 못한다. 그 목표가 너무 멀리 있으므로 목표를 달성할 때까지는 매일 실패처럼 느껴지기 때문이다.

작은 목표를 설정하는 목적은 큰 목표를 향해 앞으로 나아가기 위해서다. 이 작은 목표들이 견인차 역할을 하려면 약간 도전적이고 불확실해야 한다. 목표가 너무 쉬우면 오히려 동기부여를 하기가 어려워진다. 작은 목표를 이루면 우리는 가능성이 없다는 생각에 집중하기보다 가능한 쪽으로 생각을 전환하기 시작한다. 그때비로소 미래에 더 큰 목표를 달성할 수 있다는 가능성이 우리 앞에열리는 것이다. 이런 노력이 바로 희망이 탄생하는 지점이다.

우리가 필요로 하고, 원하고, 아울러 달성할 수 있다고 믿을 때비로소 목표를 세울 수 있다. 성취할 수 있다는 믿음에서 출발하는것이다. 에이미는 목표를 세부적인 것, 즉 접시 하나를 씻는 것으로 조정함으로써, 그녀의 믿음과 노력 사이의 틈을 줄여 가능한 일의 가짓수를 늘렸다.

목표는 당신의 부정적인 믿음에 도전한다. 일단 목표가 정해지면 당신은 '마치' 끝까지 해낼 수 있다는 듯이 목표를 향해 나아간다. 행동은 당신을 생각의 함정에서 벗어나 신념 체계마저 바꾼다.당신은 마라톤을 뛸 수 없을 거라는 의구심을 가질 수도 있다. 하지만 새 운동화를 사거나, 일주일에 1킬로미터를 더 걷는 것과 같은 작은 목표를 이루면 마라톤이라는 더 큰 목표를 향해 한 걸음나아갈 것이다.

일주일에 딱 하나만 해보기

• • •

당신이 발견한 생각의 함정에 도전하기 위해 무엇을 할 수 있겠는가? 당신의 부정적인 생각을 물리치는 데 도움이 될 작은 행동은 무엇일까? 캐시는 단 한 문장, 에이미는 단 1개의 접시였다.

Step 1: 반복되는 생각이나 고착된 감정의 목록에서 다루고 싶은 것 하나를 적어두자. 부정적 확신이 조금 불확실해질 때가 바로 변화가 시작되는 순간이다. 그렇다면 생각의 함정이 성취를 가로막고 있는 목표가 무엇인지 찾아보자.

에이미가 설거지를 하지 않게 된 것은 '귀찮게 뭐하러'라는 부정적인 생각을 계속 되풀이했기 때문이다. 이러한 생각의 함정으로 지나치게 일반화해버렸다. '전부 아니면 아무것도 아니라는' 식의 생각은 아무것도 변하지 않을 것이라는 확신을 주었기 때문에 뭐든 다 '귀찮게 뭐하러'로 일반화하게 된 것이다. 그러다 보니 더러운 접시들이 계속 쌓여만 갔다. 그녀의 부정적인 생각이 가로막고 있던 목표는 설거지였다. 당신의 부정적인 생각은 어떤 생각의 함정에 엮여 있고, 또 어떤 목표를 가로막고 있는가?

168

Step 2 : 작은 목표의 관점에서 큰 목표를 생각해보라. 작은 목표는 무엇인
가? 큰 목표의 일부분인가? 마라톤 완주가 아니라면, 하프마라톤이
나 5킬로미터 마라톤인가? 조정된 목표를 기록해보자.

Step 3 : 작은 목표를 시작해보자. 한번 해보고 싶고, 또 실제로 할 수 있을 만
한 작은 목표는 무엇인가? 에이미의 일주일에 접시 1개 닦기나 캐
시의 이틀에 한 문장 쓰기처럼 작고 사소한 것일 수도 있다.

Step 4 : 작은 목표를 달성하기 위해 어떤 지지를 받을지 고려해보라. 언제
그 목표에 전념하겠는가? 누구에게 알리고 싶은가? 시작한 후에는
진행 상황을 공유하고 싶은가?

Step 5 : 이제 행동에 옮기고, 계획한 시간 내에 작은 목표를 수행하라. 그
런 다음 당신이 지원군으로 지정한 사람에게 말하라. 이번 목표를
수행하고 그것을 알리는 과정에서 당신에게 일어난 일들을 일기
에 적어보자. 작은 목표가 어떻게 당신의 생각과 믿음을 바꾸어놓
았는가?

그렇다면 다음에 할 수 있는 작은 목표는 무엇인가? 처음 목표를

정할 때와 같은 방식으로 하면 된다. 목표를 정하고, 시간을 설정하고, 그것을 공유할 상대를 정한 다음, 실행하고 나서 기록한다. 작은 목표는 과정을 빠르게 시작하는 하나의 방법이다. 마틴 셀리그만의 말처럼 "목표를 설정하세요.……열정이 그 뒤를 따를 겁니다."

비틀거려도 앞으로 나아간다

작은 목표를 실행하다 보면 오히려 스트레스를 받아서 차라리 귀찮게 하지 않는 편이 낫다고 생각할 수도 있다. 8년간 연구를 진행하면서 참가자들에게 '스트레스가 건강에 해롭다고 생각하는가'라는 질문을 했다. 연구 결과 심각한 스트레스를 경험하고, 또 스트레스가 건강에 해롭다고 믿은 사람들의 사망률이 가장 높게 나타났다. 사망 위험이 가장 낮은 그룹은 상대 그룹과 마찬가지로 심각한 스트레스를 경험하고 있었지만 스트레스가 해롭다고 믿지 않았던 사람들이다.[100] 스트레스에 대한 믿음에 따라 생존 능력이 달라지는 것이다.

스트레스가 당신에게 해롭다는 믿음은 인간면역결핍바이러스 HIV, 피부암, 살인보다 더 많은 사람을 죽이고 있는 15대 사망 원인에 포함해야 할지도 모른다. 우리의 행복을 결정하는 것은 우리가 생각하는 것, 즉 우리의 믿음이다. 이 연구 결과는 우리의 생존을 위해 매우 중요한 문제를 시사한다. 우리의 믿음을 바꾸는 것이야말로 우리의 건강을 위한 일이라는 것이다.

스탠퍼드 대학교의 건강심리학자 켈리 맥고니걸Kelly McGonigal은 스트레스가 우리 신체와 신체적 수행 능력에 미치는 영향을 연구하고 있다.[101] 그녀는 스트레스를 행복과 건강을 해치는 것으로 인식하면 실제로 그렇게 된다는 것을 알아냈다. 그러나 심장 박동이 빨라지거나 숨이 차는 것과 같은 스트레스의 징후를 도전에 맞설 준비가 되었다는 신호로 해석하면 건강에 도움이 된다고 밝혔다.

하버드 대학교 연구팀은 스트레스를 받고 있는 참가자들에게 이러한 생리적 반응을 긍정적인(대비하는 데 도움이 되는) 것으로 경험하라고 말했다. 그러자 그들의 혈관은 스트레스가 건강에 해롭다고 인식한 다른 참가자들만큼 수축하지 않았다. 심지어 기쁨과 용기를 느낄 때의 생리학적 반응과 비슷하게 나타났다. 우리에게 영향을 미치는 것은 사건이 아니다. 그것은 사건에 대한 우리의 믿음이다.

작은 행동이 마음을 바꾼다

걸음마를 배우는 아이처럼 우리의 정서도 단계적으로 성장한다. 일단 걸음마를 떼면 다시 기어 다니지 않는다. 그와 같이 부정적인 생각을 깨뜨리고 앞으로 나아가는 법을 배우면 다시는 그런 생각에 갇히지 않게 된다. 생각의 뼈대를 부러뜨리는 법을 배우는 동안 우리는 잠시 비틀거릴 수도 있다. 하지만 더 나은 것에 대해 생각하는 데 익숙해지면 점차 발전해나가게 된다.

접시 1개를 설거지하거나 첫 문장 한 줄을 쓰는 것과 같이 아주 작은 성취를 하는 것이 우리의 생각을 바꾸는 매우 강력한 방법이다. 몸을 일으켜 세우고, 걸음마를 떼고, 자전거 타는 법을 배우는 아이의 끈기를 본 적이 있을 것이다. 아주 작은 진전이라도 계속 노력할 수 있도록 자극을 준다. 그렇기에 작은 행동이라도 부정적 신념에 맞서는 것이 무척 중요하다. 작은 목표는 부정적인 생각이 틀렸다는 것을 증명해낸다.

정서적으로 성장하는 과정에서 가장 큰 도전은 자기 자신을 직시하는 것이다. 우리가 어떻게 스트레스를 바라보고, 어떻게 자신에게 말을 걸며, 어떻게 고착된 사고방식이나 생각의 함정을 다루든 간에, 더 나은 것을 향한 변화는 자신을 직면하는 것으로 시작한다. 이것이 변화를 일으키는 필수 성분이다.

우리의 사고 과정을 깊이 성찰하고 그것에 도전하지 않는 한 변화를 이끌어낼 수 없을 것이다. 이것은 눈에 들어간 이물질을 거울도 안 보고 빼내려고 하는 것과 같다. 문제가 어디에 있는지 찾아낼 때까지 자극은 더 심해진다. 그때 우리는 그것을 제거할 방법을 이것저것 시도해본다.

작은 목표는 아직 일어나지 않은 미래에 시간과 노력을 쏟는 데 도움을 줄 것이다. 그러한 목표들을 설정하는 것은 우리의 부정적 믿음을 깨뜨리고 성취감을 자극하기 때문이다. 우리를 방해하는 부정적인 신념을 찾아내고 미래의 가능성을 촉진하는 것이야말로 희망이 싹을 틔우게 만드는 것이다.

자신을 직시하고 자신이 파놓은 함정에서 벗어나려는 노력을 다하고 나면 마치 아주 깊은 구덩이에서 빠져나온 것 같다. 지금 우리는 각자 만든 감옥에서 탈출했다. 그럼 이제 어디로 가야 할까? 우리가 다시 구덩이에 빠지지 않는다고 어떻게 확신할 수 있는가?

우리는 어둠 속을 활보하는 데 익숙하다. 하지만 앞으로는 빛에 더 익숙해져야 할 것이다. 우리의 목적은 어둠에서 벗어나는 것이다. 다행히 어둠에서 벗어났으니 이제부터는 길을 찾아야 하겠다.

7장

마음이
길을 잃지 않도록

인생의 우선순위 정하기

인생의 의미를 찾기 위해서는 자신을 들여다보아야 한다.
의미는 발견되는 것이 아니라 우리가 직접 만드는 것이다.
- 앙투안 드 생텍쥐페리

조던은 열세 살부터 술을 마시기 시작했고, 열여섯 살 무렵에는 고등학교를 자퇴했다. 그리고 스무 살이 되기도 전에 두 차례나 감옥에 드나들었다. 인생 초반부터 그의 미래는 암울했다. 조던은 10대 시절에도, 청년일 때도 좋은 남자가 아니었다. 그는 끊임없이 싸움에 휘말렸고, 다른 사람의 자동차나 물건, 심지어 여자친구까지 훔쳤다.

　그러다 한 여자를 임신시켰는데, 여자 아버지의 강요로 어쩔 수 없이 결혼했다. 그는 이 여자와 살면서 두 아이를 더 낳았지만, 결혼생활 5년 내내 충실했던 적이 단 한 번도 없었다. 다혈질이었던 조던은 일주일이 멀다 하고 주먹질을 해댔고, 그때마다 피를 흘리며 집에 돌아왔다.

　그는 점점 더 술과 마약에 빠져들었다. 처음에는 생계비나 벌 생각으로 마약을 팔다가 나중에는 마약왕이 되겠다는 포부를 안고 가족을 떠났다. 조던은 그 방면에서는 정말 선수였다. 조던은 일주일에 1천 달러 정도를 벌다가 급기야 한 달에 5만 달러를 벌어들이기에 이르렀다. 그는 고급 자동차며 명품 옷을 과시하기에 바빴다. 어느 순간 그는 훔친 차부터 여성, 코카인에 이르기까지 모든 것을 팔고 있었다. 그는 아무도 넘보지 못할 성역과 같았다. 양심의 가책도, 경계도, 변할 기미도 없었다.

그러던 중 조던은 기습 공격을 받고 야구방망이로 흠씬 두들겨 맞아 뼈가 17개나 부러졌다. 매복해 있던 무리들이 공격을 한 이유는 그를 죽이기 위해서가 아니라 경고를 하기 위해서였다. 그가 당하는 사이에 집은 다 털렸다. 이삿짐 트럭이 그의 모든 물건을 싣고 가버렸다. 차도 빼앗겼고, 집은 불에 타버렸다. 조던은 모든 것을 잃었다고 생각했다.

6개월 가까이 입원해 있는 동안 그는 열두 차례나 수술을 받았다. 병원 문을 나서는 순간까지 여전히 깁스를 풀지 못한 상태였다. 그의 정신은 멀쩡했지만, 친구도, 소중한 돈도 거의 남아 있지 않았다. 조던은 수중에 남은 몇 푼을 가지고 하숙방에 들어갔다. 그날 밤 지난번과 똑같은 남자들이 방문을 부수고 들어와 다시 방망이를 휘둘렀다. 이번에는 병원에서 집으로 돌아오기까지 8개월이 걸렸다.

조던은 이 모든 일이 일어난 지 거의 15년이 지난 뒤에야 나를 찾아왔다. 오랜 시간 동안 술 없이는 살아갈 수 없을 만큼 조던의 삶은 완전히 교착 상태에 빠졌다. 직장을 잡는 것도, 사람들과 관계를 맺는 것도 전부 다 힘에 부쳤다. 성인이 된 세 딸은 그의 전화를 받지도 않았다. 야구방망이가 부숴놓은 것은 조던의 뼈뿐만이 아니었다. 그의 정체성과 자신에 대한 믿음까지 산산이 부숴뜨렸다.

그가 할 수 있는 말이라곤 자신이 얼마나 어리석었는지, 또 자신의 삶이 어떻게 망가졌는지 얘기하는 것뿐이었다. 조던은 몸을 회복한 것을 다행으로 여겼지만 더 나빠지지 않을 뿐 미래는 여전히 암울하다고 생각했다.

이번 장에서는 조던의 이야기를 좀 더 나눠보면서 무엇이 상실감을 극복하는 데 도움이 되는지 살펴볼 것이다. 궁극적으로 의미 있는 미래로 안내할 목적의식을 찾는 데 도움이 될 것이다. 목적을 찾음으로써 당신은 우울증의 소용돌이를 비껴간 경로를 따라 걸을 수 있다. 더 중요한 것은 때때로 당신이 인생의 난기류를 만났을 때 방향을 잃지 않고 길을 찾을 수 있다는 것이다.

마음을 끌어당기는 쪽으로

우리는 보통 외부의 세력, 즉 가족의 요구, 돈벌이, 양육, 심지어 정치 등에 이리저리 끌려 다닌다고 생각한다. 한 가지를 밀어내고 우리 쪽으로 다른 것을 끌어당기는 것은 동기부여를 불러일으키는 2가지 주요한 에너지원이다. 밀릴 때는 무언가로부터 멀어지고 끌려갈 때는 그 안으로 끌려들어 간다. 우리가 원하는 곳에 이르기 위해서는 미는 힘과 당기는 힘 모두 필요하다. 그래야 2가지 힘을 동력원으로 쓸 수 있다.

그렇다면 목적을 찾는 데 필요한 동기부여를 구축하기 위한 첫발을 내디뎌보자. 당신이 멀어지고 싶은 것을 생각해보고, 당신이 향하고 싶은 지점을 상상해본다.

조던은 해로운 결정, 부정적인 신념, 무대책을 밀어내고 싶어 했다. 그 과정에서 사고방식 바꾸기, 생각의 함정 해체, 작은 목표 설정 등 앞에서 배운 기술을 적용했다. 그런 다음 조던은 창의성, 심미안, 학구열, 사교성이라는 자신의 강점을 끌어당겼다. 일단 이런 강점들을 균형 있게 쓰는 방법을 배우자 그는 목적과 의미를 가지고 삶을 향해 나아갈 수 있었다.

당신은 우울한 기분에서 벗어나기 위해 무언가를 밀어냈을지도 모른다. 당신을 붙들고 있던 것에서 멀어지면 반복적 사고에 갇혔던 마음이 자유로워지고 더 자연스러운 상태로 돌아가게 된다. 당신은 하나의 습관을 뿌리치고 좀 더 자연스러운 것을 마음에 되살렸다. 당신은 우울증에 갇혀 있지 않고 당신의 강점은 더 큰 희망을 끌어당긴다.

떠밀려 나간다고 느낄 때

우리는 어떤 일에 대해 부름을 받았다고 느낄 때 그것을 향해 이끌린다. 이런 끌어당기는 힘은 더 깊은 의미와 목표를 달성할 수 있도록 기운을 북돋워준다. 삶의 의미를 느끼는 사람들은 실패와 실망, 좌절의 가혹한 공격을 초월한다. 왜냐하면 그들은 더 큰 무언가에 끌려가고 있기 때문이다.[102] 물론 실망과 좌절의 순간도 있겠지만 인생의 여정을 이끌어줄 더 부푼 희망을 가지고 있다는 뜻이다.

그러므로 끌어당기는 힘을 이용하라. 당신은 무엇을 성취하고, 무엇을 창조하고, 무엇을 표현하고, 무엇이 되고, 무엇을 하는 데 마음이 끌리는가? 당신의 목표를 어떻게 구체화하고 싶은가?

펜실베이니아 대학교 심리학과 교수 앤절라 더크워스[103]는 이해를 돕기 위해 다음의 비유를 들었다.

"누군가 3명의 벽돌공에게 '당신은 무슨 일을 하고 있나요'라고 물었다. 첫 번째 벽돌공이 '나는 벽돌을 쌓고 있어요'라고 대답했다. 두 번째 벽돌공은 '나는 교회를 짓고 있습니다'라고 대답했다. 마지막으로 세 번째 벽돌공이 대답했다. '나는 하나님의 집을 짓고 있습니다.' 첫 번째 벽돌공에게는 일자리가 있다. 두 번째 벽돌공에게는 경력을 쌓을 직업이 있다. 세 번째 벽돌공에게는 소명이 있다."

흥미로운 것은 다른 사람들이 보기에 3명의 벽돌공 모두 같은 일을 하고 있다는 점이다. 그렇다면 무엇이 그 차이를 만드는가? 그들이 자기 일을 바라보는 관점이 다른 것이다.

하나의 일자리를 가진 벽돌공은 자기 일을 목적을 위한 수단으로 본다. 그는 이끌리기보다는 떠밀린다. 단지 돈벌이를 위해 하기 싫은 일을 해야 하는 일자리인가? 진정한 열정보다는 단순히 필요하므로 반드시 해야 한다고 생각하는가? 어쩌면 당신은 직업을 가진 벽돌공과 더 비슷할 수도 있다. 그 일에 능숙하고, 자기 일이기 때문에 하는 것인가? 물론 더 많은 동기부여가 될 수는 있겠지만, 여전히 그러한 동기는 끌어당기기보다 떠밀린다.

매일 들뜨고 활기찬 기분으로 일터에 도착한다고 상상해보라. 그 일이 전혀 힘들지 않고 심지어 즐겁기까지 하다. 니체가 말했듯이 "무엇을 위해 살아야 하는지 이유를 아는 사람은 그 어떤 삶도 견딜 수 있다." 이제 곧 나는 당신이 오래도록 살고 싶어 하는 미래로 이끌어줄 힘을 이용해 당신의 소명이 될 일을 찾도록 안내할 것이다.

작은 성공이 희망을 만든다

조던은 바로 이 지점에 이르기까지 큰 노력을 기울였다. 맨 처음 나는 그에게 매일 감사한 일을 3가지씩 적어보라고 부탁했다. 조금씩 그는 감사한 일을 찾았고, 점차 습관이 되니 어느새 감사한 일의 목록도 길어졌다. 그는 단순히 그날 하루를 감사히 여기는 것을 시작으로 AA^Alcoholics Anonymous(익명의 알코올중독자들 모임)에 공식적으로 고마움을 표했다. 자신을 치료하는 데 도움을 준 의사와 자신을 고용해준 사람에게도 감사하는 마음을 표현했다.

그다음 단계로 작은 목표를 설정했다. 조던은 고등학교를 마치지 못한 것이 부끄러웠다. 부정적 신념과 그 뒤에 숨은 생각의 함정이 폭포수처럼 쏟아졌다. 이런 사고의 함정이 우리를 쓰러트리는 것처럼, 그것들 중 하나가 넘어지면 도미노처럼 와르르 무너져 내릴 수도 있다. 하지만 하나의 부정적 신념이 바뀌면 다른 생각들도 차례차례 무너지면서 희망이 솟아난다. 조던은 자신에게 가장 큰 걸림돌처럼 보였던 2개의 함정을 골랐다. '나는 머리가 안 좋아. 내가 뭘 하든 절대 안 바뀔 거야.'

우리는 조던을 위해 작은 목표를 설정했다. GED^General Equivalency Diploma(고졸학력인증서) 설명회 장소 찾기, 설명회 참석, 강좌 등록, 그리고 마지막으로 수업 참석.

작은 목표가 가능성을 열어줄 것이다. 그리고 성취감이 축적되면 생각의 함정을 무력화할 수 있다. 더 나은 미래를 더 많이 상상하고, 원하는 것에 도달할 수 있다는 희망을 일깨워준다.

불안감이 보글보글 끓어오를 때

작은 목표는 부정적 생각과 신념, 행위에서 벗어나는 데 도움이 된다. 우리는 파괴적인 신념을 밀어내고, 부정적인 생각에서 벗어나 목적과 의미를 향해 나아가는 법을 배울 수 있다. 무엇보다도 우울증에 빠지지 않는 방법을 찾는 것이 가장 중요하다.

우울한 생각과 행동의 초기 징후는 무엇일까? 저조한 기분을 알아차리고 첫 징후를 포착하는 것은 우울증에서 벗어나는 데 큰 도움이 된다. 불안 증세가 우울증보다 앞서 나타난다고 한다. 오랜 기간 불안감을 느끼면 우울증에 빠지기 쉽다는 것이다. 어떤 상황에 대해 불안감이 보글보글 끓어오르다가 우울증으로 이어진다.

불안감과 우울증을 떨쳐내기 위해 끊임없이 싸워야 하는 상황에서는 삶의 의미나 목적을 생각하기 어렵다. 우리는 좀 더 일찍 이런 생각의 싹을 싹둑 자르기를 원한다. 왜냐하면 너무 오래도록 고통스러운 상태에 있으면 상황이 절대 바뀌지 않을 것이라는 절망감에 빠지기 때문이다.

하나의 작은 목표는 특정 생체 기능을 다르게 해석한다. 자신의 경험을 부정적으로 해석하고 내린 결정을 더 빨리 철회할수록 희망을 느끼는 감정이 활성화된다.

옥스퍼드 대학교의 데이비드 클라크David Clark는 불안감을 다르게 생각함으로써 자신의 감각을 더욱 생산적으로 해석하는 방법을 가르쳤다.[104] 예를 들어 '시험 불안증은 문제에 집중하는 데 도움을 준다'라거나 '여분의 아드레날린은 더 나은 면접을 위해 분비된다'와 같은 문구로 바꾸는 것이다.

피험자들은 불안감에 대한 사고방식을 바꾸고 하나의 증상을 자산으로 재구성하자 점차 걱정이나 공황 상태에서 벗어났다. 무기력한 스위치를 활성화하지 않았기 때문에 훨씬 더 나은 결과를 얻은 것이다.

초조하거나 떨리는 것과 같은 불안 증상을 다가올 일을 준비해야 한다는 신호로 재해석할 수 있다면 어려운 상황에 잘 대처하고 도전을 향해 나아가게 된다. 당신의 신념 체계가 부정적인 것으로 해석하지 못하게 함으로써 당신을 가로막는 걸림돌이 줄어드는 것이다.

나는 오디션을 준비하는 많은 배우들을 이런 방식으로 훈련했다. 그들은 불안 증세를 걱정이나 두려움으로 받아들이는 것이 아니라 최선을 다할 준비가 되었다는 뜻으로 해석한다. 이런 사고방식은 공연할 때도 도움이 된다. 이 방법을 통해 무엇이 당신을 목적이 있는 삶으로 끌어당기는지 찾을 수 있다.

어제 하루 내가 한 일 적어보기

· · ·

목적과 의미를 찾기 위해서는 삶을 다른 관점에서 바라봄으로써 인생의 어느 지점에 와 있는지 알아야 한다. 이 연습을 하기 위해서는 역시 일기가 필요하다.

Step 1 : 지난 24시간 동안 당신이 한 가장 중요한 일 3가지와 왜 그 일들이 중요하다고 느끼는지 적어보자.

Step 2 : 그다음에는 미래로 넘어가 당신의 자서전을 원하는 만큼 짧게, 혹은 길게 사실적으로 써본다. 제목을 브레인스토밍하면서 시작하라. 당신이 무엇으로 가장 유명해질지 생각해보라. 현재의 위치에 도달하기 위해 무엇을 했는지 적어보자. 자서전에는 당신이 극복한 것과 강점을 강조하라. 후회는 없는가? 어떤 행동을 취하고 싶은가? 무엇이 가장 자랑스러운가? 당신에게 전환점은 무엇이었는가?

Step 3 : 이제 지난 24시간 동안 했던 3가지 일의 목록을 자서전과 비교해본다. 서로 일치하는가? 당신은 매일 기억되고 싶은 모습으로 살아가고 있는가? 이를 성찰해보고 그것에 관한 생각을 적는다. 매일 기억되고 싶은 모습과 일치하려면 일상적인 활동을 어떻게 수정해야 하는지를 생각해보자.

자서전 쓰기는 사람들에게 잠재력을 일깨우는 한편, 인생에서 중요한 것을 더욱 상세히 알려준다.[105] 매일 일기를 쓰면 삶의 방향을 잡는 데 도움이 된다. 사실 일기 쓰기가 우울증을 줄이면서 긍정적인 영향을 미치는 방법은 80가지가 넘을지도 모른다.[106] 자서전이라는 렌즈를 통해 삶을 바라보면 미래에 대한 기대감을 가질 수 있다.

삶을 되돌아보는 것 역시 우리가 있는 곳과 우리가 있고 싶은 곳을 비교하여 어떻게 해서든 일치시킬 방법을 찾게 만든다.[107] 우리의 행동을 더 자세히 서술하거나 고쳐나가는 과정에서 가장 기억에 남기고 싶은 것을 열망하며 의미와 목적을 얻게 된다.

우울증에서 빠져나오고자 하는 힘이 강해지자 조던은 GED(고졸학력인증서)를 따고 싶은 욕구가 커졌고 그 방향으로 끌어당기는 힘이 생겼다. 우리는 조던이 수료증을 받았을 때 어떤 기분일지 느껴보기 위해 역할극을 수행했다. 수차례 역할극을 진행할 때마다 조던은 눈물을 보였다. 우리는 그가 휴대전화에 간직할 수 있도록 가능한 최상의 수료증 사진을 만들어주었다. 그는 자부심을 느끼며, 그것이 가능하다고 생각하게 되었다. 조던은 자신의 미래를 만들 수 있다고 생각했고, 스스로 생각의 함정에서 벗어나고 있었다. 그리고 마침내 조던은 희망을 품게 되었다.

조던의 금주 10주년 기념 파티에 세 딸이 아버지를 축하해주기 위해 그가 머물고 있는 시설을 찾아왔다. 세 딸은 다른 것도 축하하기 위해 케이크를 가져왔다. 그가 GED를 딴 것이다. 조던이 '한 순간을 하루처럼One day at a time'이라는 AA의 좌우명에 따라 달성한 금주와 GED 획득은 자신에 대한 부정적 신념이 옳지 않았음을 증명했다. 그는 머리가 '안 좋지' 않았고, 상황이 바뀔 수 있다는 것을 스스로 입증했다.

가끔은 즐거운 척해보기

그렇다면 당신은 어떻게 하면 도달할 수 있을까? 우리는 생각과 감정이 몸의 증상으로 나타난다고 생각한다. 불안하면 몸이 떨리는 것처럼 말이다. 하지만 그 반대로 작용하기도 한다. 행동을 바꿈으로써 생각을 바꾸는 것이다. "될 때까지 그런 척하라"와 같은 '가정as if 행동'을 통해서 말이다.

기분 좋은 감정을 느끼는 행동을 하는 것을 연기 치유법이라고 부른다.[108] 연습을 넘어 지속적이고 확장되는 방식으로 치료가 이루어지는 심리극이나 연극치료, 혹은 역할극을 통해 감정을 변화시키는 모든 기법을 한데 일컫는 말이다. 효과를 거두는 이유는 역할극을 하다 보면 감정의 핵심에 도달하기 때문이다. 우울증에 걸린 사람들 대부분은 반복적인 생각(단어의 반복)뿐만 아니라, 반복적인 장면(머릿속에서 마음을 아프게 하는 장면이 반복)에 갇혀 있다.

심리극이나 연극치료에서는 이러한 장면을 다른 장면, 즉 희망을 만들어내는 장면으로 대체한다. 단순히 어떤 이미지, 감정을 개선하기 위해 어떤 일을 할 수 있는지 이야기하는 것이 아니다. 당신이 바꾸고 싶은 감정과 기억을 그 상황에 집어넣어서 직접 느껴보는 것이다. 4장에서 생각이 어떻게 신체를 포함한 우리의 존재 전체에 영향을 미치는가를 다루는 방식으로 체화된 인지를 소개했다. 생각은 단지 우리의 뇌에서만 나오는 것이 아니다. 우리가 직접 겪은 경험에서 비롯되어 거기에 지배당하기도 한다.

복구 이미지를 사용해 장면을 새롭게 구성하는 방법으로 치유하는 치료법이 많지만, '가정 행동'을 통해 그 과정을 더 쉽게 느끼고 진행 속도를 높일 수 있다. "당신의 문제는 모든 신경세포에 있다"는 말이 있다. 우리의 감정은 단어를 사용하기 전부터 발달한다. 아이가 정서적으로나 육체적으로 느끼는 것을 말로 표현하기까지 3~5년이 걸릴 수 있다. 이것은 종종 몸에 아픈 기억이 저장되는 원인이 되기도 한다. 대표적인 정신적 외상 연구자인 베셀 반 데어 콜크[Bessel Van der Kolk]는 아픈 기억을 드러내는 방법으로 심리극, 요가, 그 밖에 다른 행동 방법이 효과적이라고 했다.

이러한 방법은 심지어 불치병이나 마찬가지였던 정신적 외상을 입은 사람들과 환자들에게 강력한 효과를 발휘한다. 정신 및 지적 장애를 안고 있는 환자들은 단어 사용에도 한계가 있었기에 단어 만으로는 그들이 겪는 문제의 핵심에 도달할 수 없었다. 건강한 장면을 리허설하고 감정적 지지를 느끼는 드라마를 연기한 후 처음에는 평생 입원해야 할 것 같은 사람들이 사회로 나갈 수 있었다. 이러한 방법들은 지적장애 분야에서 널리 쓰이고 있다.

심리극과 역할극은 긍정심리학에서 심리치료, 교육, 코칭, 치유에 사용하는 방법이다.[109] 앞으로 연습하겠지만 행동을 통해 더 많은 변화를 끌어낼 수 있다.

일상의 루틴을 거꾸로 해보기

우리에게는 생각의 함정만 있는 것이 아니라 행동의 함정도 있다. 자신이 어떤 행동 습관을 가지고 있는지를 알려면 샤워할 때 무의식적으로 하는 규칙을 바꿔보자. 맨 먼저 머리부터 감는다면 이번에는 맨 마지막에 해보자. 목부터 시작해서 몸에 거품을 낸다면 발끝부터 시작해본다. 오른손으로 이를 닦으면 왼손으로 닦아본다. 어떤 습관을 가지고 있는지는 그것을 바꿀 때만 확인할 수 있다. 의도적으로 다른 행동을 해보기 전까지는 행동의 함정에 빠져 있다는 것을 깨닫지 못할 수도 있다.

부정적 행동 함정은 우리가 빠지기 쉬운 건강하지 못한 행동의 루틴이다. 대개 이런 루틴들을 제대로 의식하지 못하지만 우울증에 빠지는 행동 패턴에 갇힐 수도 있다. 이런 행동 함정은 우리를 가둬두는 생각과 손을 잡는다. 우리는 산책하기보다는 TV 앞에서 저녁을 먹는다. 그러고 난 뒤에 휴식을 취한다. 행동 함정은 '가정' 원칙의 어두운 면이다. 피곤하고 아무런 흥미도 없는 것처럼 행동한다면 그렇게 될 것이다. 하지만 '그것을 깨버릴 때까지 그런 척' 할 수 있다.

연기 치유법은 무대 상연과 역할극으로 생각과 행동을 바꾸는 것이다. '근육을 쓰면 생각이 바뀐다'라는 속담과 비슷한 방식이다. 또한 사고방식을 바꿔서 행동의 함정에서 벗어날 수도 있다. 당신의 생각이 갇혀 있다면 당신의 몸도 갇혀 있다.

4장의 '내 안의 두 자아를 만나기'라는 연습에서 이 방법을 사용했다.[110] 자신의 한 측면을 구체화하면 경험을 향상시키고, 다른 인식을 갖게 되며, 관점을 바꿀 수 있다. 당신이 하나의 역할을 맡을 때마다 이러한 변화가 일어날 것이다. 당신이 갇혀 있는 기분에서 벗어나게 해주고, 다른 방식을 시도해볼 기회를 주기 때문이다.

이제 과거, 현재, 미래와 연관 지어 삶의 목적의식을 키우기 위한 2가지 연습을 할 것이다. 먼저 3개의 의자를 일렬로 세워라. 이것은 당신의 미래(앞 의자), 현재(중간 의자), 과거(뒤 의자)를 나타낸다.

희망을 채우기 위해 지금 당장 해야 할 일

오늘에 이르기까지 당신이 겪은 과거 되돌아보기

● ● ●

이것은 과거에 힘든 시기를 극복하기 위해 무엇을 했는지를 알아보는 방법이다. 또한 주어진 어떤 상황이나 사고방식을 바꾸는 데 도움이 되는 모든 것들을 기억할 수 있다. 이 연습을 하기 위해서는 일기가 필요하다.

Step 1 : 현재(가운데)의 의자에 앉아 일기를 펼친다. 10년 전에는 없었던, 당신 삶에서 좋은 것들을 적어도 3가지 적어보라. 현재 가까이 있는 좋은 사람, 경험, 직업, 소유한 물건, 기회, 그리고 좋은 환경을 생각해보자. 전부 다 지난 10년 전에는 없었던 것들이다. 원하는 만큼 목록을 적어보되, 적어도 3가지는 꼭 적어야 한다.

Step 2 : 자리를 바꿔 과거(뒤쪽)의 의자에 앉아라. 10년 전쯤에는 잘 풀리지 않았지만, 지금은 어떻게든 더 좋아진 것 3가지만 적어보라.

Step 3 : 현재(가운데)의 의자로 돌아와서 과거를 직시하라. 과거의 자신에게

말하라. 잘 풀리지 않았던 3가지를 어떻게 다루었는지 떠올려보자.

- 현재에 도달하기 위해 무엇을 했는가?

- 변화하는 과정에서 어떤 새로운 사람들이 나타났는가?

- 어떤 자원을 활용했는가?

- 어떤 위험을 감수했는가?

- 어떻게 통제했는가?

- 그러한 시기를 극복하기 위해 어떤 강점을 사용했는가?

- 사회적 또는 정신적으로 어떤 도움을 받았는가?

- 누구에게 도움을 받았는가?

- 어떤 작은 목표나 큰 목표가 당신을 이끌었는가?

이 질문들에 답하고 현재의 당신이 과거의 당신에게 할 말을 적어라.

Step 4 : 이 목록을 보고 필요할 때 쉽게 사용할 수 있는 기술이 무엇인지 생

각해보라. 하이라이트 표시를 하거나 원을 그려보자. 주의를 끄는

답변은 무엇인가? 어쩌면 정말 도와준 사람이 한 명 정도는 있었을

것이다. 당신을 더 좋은 방향으로 이끌어준 예상치 못한 회의나 인

맥을 떠올릴 수도 있다. 어쩌면 당신은 더 이상 사실이 아닌 것들을 놓아주었을지도 모른다. 당신의 반성과 통찰력을 적어라.

끌어당김의 법칙

부정적인 생각을 반복하고 자신의 불행을 곱씹고 있다면 우리가 일궈낸 변화를 떠올리고 반성하기는 어렵다. 샤워 루틴을 다르게 바꾸는 것처럼 우리의 관점을 바꾸고, 잘해왔던 방식이 무엇인지를 떠올린다. 좋았던 시점의 렌즈를 통해 과거를 본다면 당신을 지지할 수 있고 현재에도 당신이 할 수 있는 것을 강조할 수 있다.

일단 상황이 어떻게 변했는지 직접 확인하고 나면 언제든 할 수 있다는 강력한 증거가 생기는 셈이다. 어떤 상황이나 느낌, 혹은 사건에 대해 희망적인 선택을 할 수 있다. 이번 장에서는 당신의 생각과 행동이 희망을 향해 움직이도록 할 것이다. 초기에 긍정적인 방향으로 선택해야만 미래를 만들어나갈 수 있다. 고통을 피하는 것이 아니라 오히려 고통이 당신을 지배하지 못하도록 하는 것이다. 우울증의 구덩이에서 빠져나오는 방법은 곧 재발을 막을 수 있는 기술이 된다.

역할극과 '가정 행동'은 삶의 리허설이다. 심리극, 집단치료, 사회관계망 치료 이론의 창시자인 제이콥 모레노Jacob Moreno는 '가정as

192

if' 이론의 마술을 '그대로 한다ᵃˢ'만 남기고, '만약ⁱᶠ'이 떨어져 나가는 과정으로 보았다.[111]

조던은 술을 끊고 GED를 획득해서 자신과 삶이 실제로 변할 수 있음을 보여주었다. 이 깨달음은 그의 내면에 불을 지폈다. 조던은 예전에 멋진 집에서 벽돌과 슬레이트로 모든 석조와 안뜰을 비롯해 집 전체의 조경을 전부 해냈던 일을 회상했다. 그는 그 일을 몹시도 좋아했다. 조던은 다시 창의력을 끌어냈고, 곧장 조경에 관한 모든 것을 찾아 읽기 시작했다. 조던의 창의력, 학구열, 심미안이라는 3가지 강점에 영양을 공급했기 때문에 그를 계속 끌어당겼다.

얼마 지나지 않아 조던이 자신의 열정을 사업으로 탈바꿈시킬 때가 왔다. 그는 동료 AA 회원에게 사업자금을 빌렸다. 그리고 마약 사업을 시작했을 때만큼 빠르게 조경 사업을 키웠다. 사회성이 뛰어났던 조던은 인맥을 만드는 방법을 잘 알고 있었다. 그는 유한 책임 회사를 설립했고 1년 만에 직원 10명과 트럭 3대를 보유하게 되었다. 조던이 대출금을 갚았을 때 그의 친구는 조던의 회사 이름을 '마약에서 관목까지'로 지으라며 우스갯소리를 했다.

일상적인 활동에 목적의식이 생기자 조던은 삶에서 성취감을 느꼈다. 그는 완전히 황폐해진 삶을 재건했고, 긍정적이고 유익한 방향으로 움직였다. 그 모든 것은 조던만의 '이유ʷʰʸ'를 찾는 것으로 시작되었다.

당신의 '이유'는 어떻게 찾을 것인가? 어떤 방법으로 삶의 목적을 만들어 더 큰 무언가에 이끌리도록 할 수 있는가? 혼자 생각만 해서는 이룰 수 없다. 행동을 통해서 우리의 목적에 상서로운 기운이 감돌게 할 수 있다. 희망은 동사다. 우리가 행동하면 목적은 저절로 떠오른다.

희망을 채우기 위해 지금 당장 해야 할 일

마치 미래가 현재에 일어난 것처럼 상상해보기

● ● ●

가운데 의자(현재)를 앞쪽(당신의 미래-당신의 운명)을 향해 배치한다. 미래의 의자는 현재와 멀리 떨어져 있어야 한다. 현재에서 얼마나 떨어진 미래인지 선택한다. 2년? 5년? 이번 연습에서는 10년 이내로 정한다. 미래의 의자를 현재에서 그 정도로 멀리 옮긴다. 1년이라면 5년보다 현재의 의자와 더 가까이 놓는다.

Step 1: 미래의 의자에 앉아서, 마치 이미 미래에 사는 것처럼, 당신의 삶이 어떤 모습인지 적어본다. 앞 장에서 당신은 어떤 모습으로 기억되고 싶은지 자서전을 써보았다. 미래에 원하는 자신의 모습을 적어보라. 많이 적어도 상관없다. 필요한 것은 당신이 정한 시점에 일어날 수 있다고 믿는 것이다. 몇 가지 예를 들어보자. "나는 새집에서 호수를 바라보고, 멋진 경치를 즐기면서 모닝 커피를 마시고 있어." "회계학 학위를 받고 졸업할 예정인데 좋은 직장을 제의받았어." "나는 내가 존경하는 사람들과 함께 파티에 초대받았어."

Step 2 : 이번에는 미래의 의자와 현재의 의자를 마주 보게 하고 계속해서 미래의 의자에 앉는다. 현재의 자신과 대화하고 현재 자신이 원하는 미래의 자신이 된 방법을 상기한다.

- 미래에 원하는 모습이 되기 위해 무엇을 했는가?
- 이를 실현하기 위해 무엇을 통제했는가?
- 어떻게 통제했는가?
- 어떤 자원을 활용했는가?
- 어떤 위험을 감수했는가?
- 누구에게 도움을 받았는가?
- 목표를 어떻게 수정했는가?
- 어떤 것에 성공하여 더 많은 가능성이 열렸는가?
- 어떤 종류의 생각, 사람 또는 행동을 대체했는가?

가능한 많은 질문에 답하고 자신의 삶에 얼마나 만족하는지 설명하라. 마치 현재를 '생각나게 할' 개요를 작성하듯이 적어두자. 그런 다음 자신이 어떤 사람이 될지 생각을 공유하고 미래에 어떤 감정이 들지 느껴보라.

Step 3 : '마치' 미래의 모습이 현재 일어나고 있는 것처럼 미래의 의자에 앉아보자. 무엇이 당신을 목적 있는 삶으로 이끌었는가? 특히 당신의 몸과 당신이 하려고 하는 일을 하고 있다는 느낌에 주의를 기울여라. 보통의 당신이었다면 어떻게 숨을 쉬는가? 어떻게 앉는가? 몸의 어디서 힘이 느껴지는가? 목적의식과 의미가 깨어날 때 무엇을 가장 잘 의식하는가?

100세의 내가 오늘의 나에게 전화를 걸다

당신의 미래는 당신이 만든 것인가? 당신은 그러한 미래를 만들기 위해 변화했고, 부정적인 감정을 긍정적으로 재해석했으며, 자신을 끌어당기는 힘을 향해 계속 움직였다. 우리는 만족스럽고 풍요로운 삶을 생각할 때 앞으로 나아갈 수 있다.

탈 벤 샤하르Tal Ben-Shahar는 하버드 대학교 심리학과 역사상 가장 큰 규모의 강의에서 행복에 대해 가르쳤다. 그는 학생들에게 자신이 타임머신을 타고 있다고 상상하고 110세의 자신이 오늘날의 자신에게 전화를 걸어보라고 했다. 심리학자 아놀드 라자루스Arnold Lazarus는 이러한 미래 투영이 우울증을 완화한다는 사실을 확

인했다.[112]

목적의식을 안고, 당신은 더 쉽게 인생이라는 바다에서 서핑을 즐기며 파도를 탈 수 있다. 얼마나 오래 서 있는지는 중요하지 않다. 왜냐하면 일단 이 강력한 힘 안에서 균형을 잡는 짜릿함을 맛보고 나면 넘어져도 다시 일어날 수 있기 때문이다.

조던의 사업은 2년에 걸쳐 지속적으로 성장하고 번성했다. 그리고 조던은 조금씩 중산층의 편안한 생활을 누리게 되었다. 그는 잘 지내고 있었지만 일에 너무 많이 집착하고 있다는 것을 알아차렸다. 그에게는 해제 버튼이 없었다. 어떤 사람들은 그가 일중독에 빠졌다고 말하기도 했다. 조던은 자신의 강점을 남용하고 있었고, 우리는 결국 그의 성공을 관리할 방법을 논의했다.

그는 요가 수업을 하며 명상을 익혔다. 조던의 인생에서 빠진 것은 균형이었다. 그는 물 만난 물고기처럼 요가에 몰입했다. 조던은 우정을 쌓고 여성을 만나고 조심스럽게 데이트를 시작했다. 그는 AA와 요가 커뮤니티 사이에서 지속 가능한 웰빙을 위해 많은 도움을 받았다.

거의 절망에 빠져 있던 조던은 3년 만에 희망이 가득한 삶을 살고 있다. 우리가 창조해낸 삶, 우리의 강점에 맞춰 잘 조정된 삶에 몰입할 때, 의미와 목적은 자연스럽게 따라올 것이다.

자신이 원하는 삶을 사는 기분이 어떤지 헤아려보고 실제로 그런 삶을 누리다 보면 긍정적인 힘이 계속 솟아난다. 체화된 인지와 더불어 이러한 변화와 잘 어울리는 새로운 역할과 신체적 특징은 당신의 새로운 정체성을 상기시키고 강화하기 위한 동력이 될 수 있다. 목적이 끌어당기는 삶을 향해 나아가면서 비트 시인 앨런 긴즈버그의 조언을 지속적으로 떠올려보자. "미래를 기억하라."[113]

이제 우리는 삶에서 소중한 관계를 살펴봐야 할 때가 왔다.

삶의 목적을 찾는다면

때때로 인생의 난기류를 만났을 때

방향을 잃지 않고 길을 찾을 수 있다.

8장

돌아보면
누군가는 내 옆에 있다

나를 둘러싼 사람들의 소중함 느끼기

우리는 사랑이라는 선물을 받았다.
하지만 사랑은 소중한 식물과 같아서 그냥 찬장에 넣어두거나
알아서 잘 자랄 것이라고 생각해서는 안 된다.
계속 물을 주고 진심으로 돌보고 보살펴야 한다.
- 존 레논

2장에서 이야기했던 스테이시를 다시 떠올려보자. 처음 만났을 때 그녀는 이렇게 말했다.

"누가 마흔두 살에 벌어놓은 돈 한 푼 없이 애 둘 딸린 여자를 만나겠어요?"

스테이시는 자신의 상황이 변할 수 없다고 여기며 자신이 직면한 상황을 위협적으로 인식했다. 그녀는 깊은 절망감에 빠져 있었다. 이제 그녀가 어떻게 했는지 살펴보자.

남편 톰에 대한 스테이시의 생각은 옳았다. 그는 결국 비열함을 드러냈다. 그리고 소송을 불사하며 스테이시에게 고통과 괴로움을 안겨주었다. 톰은 헤어지는 마당에 일말의 품위도 지키지 않았고, 뭐든지 법적으로 해결하려고 했다.

그는 아이들과도 거의 만나지 않았다. 자아도취가 강한 성격에 로펌의 파트너 지위에 있었기 때문에 아무도 자신을 꺾을 수 없는 무적이라고 생각하는 듯했다. 이것은 아주 위험한 조합이었다.

이혼 절차가 진행되는 동안 스테이시는 초등학교 4학년 교사인 자신의 직업과 자녀들에게 초점을 맞추었다. 우리는 불확실성과 부정성으로 가득 차 있는 그녀의 고정된 사고방식을 깨뜨리기 위한 계획을 세웠다.

그녀에게는 직장과 대학에서 만난 훌륭한 친구들이 있었다. 우리는 스테이시가 톰에게 상처받을 때마다 편하게 전화할 수 있는 든든한 지원망을 구축했다. 그런 다음 나는 그녀에게 하루에 한 명씩 처음 만나는 사람에게 "안녕하세요?"라고 인사해보라고 요청했다. 스테이시는 싫어하면서도 억지로 그렇게 했다. 인사를 건네는 작은 행동만으로도 그녀는 마음의 문을 완전히 걸어 잠그지 않았다. 처음 한 달이 지나자 그녀는 더 이상 인사를 미루지 않았다. 인사는 긍정적인 습관으로 잡았고, 스테이시는 친구의 폭을 넓힐 수 있었다.

톰은 터무니없는 행동을 계속했다. 그러던 어느 날 그의 회사 주소로 보낸 이메일이 톰이 더 이상 회사에 근무하지 않는다는 메모와 함께 되돌아왔다. 톰의 불륜 상대는 직장 내 괴롭힘을 당했다며 그를 고소한 법률 담당 비서 중 한 명이었다. 그 여자하고만 바람을 피운 게 아니었는지 톰의 파트너들은 그를 해고해버렸다.

스테이시는 이번 일이 자신에게 미칠 파장에 대해 상담하려고 변호사 사무실로 가던 중이었다. 그녀는 잠시 가장 좋아하는 스타벅스에 들렀는데 줄이 유난히 길었다. 그녀는 뒤에 있는 남자에게 "안녕하세요?"라고 인사를 건넸고 계산대 앞으로 움직이는 동안 가볍게 대화를 나눴다. 그녀 차례가 되어 평소 쓰던 신용카드로 커피 값을 계산하려고 하는데 승인이 거절되었다. 다시 시도해보았지만 역시 승인 거절이었다. 톰이 막아버린 것이다.

스테이시가 현금이 없어서 몹시 당황스러워할 때 대화를 나눈 남자가 커피를 사겠다고 제안했다. 그녀는 그에게 고맙다고 말했고, 이내 두 사람은 테이블에 앉아서 이야기를 나누었다. 알고 보니 남자는 혼자 아이를 키우면서 동부 해안에 레스토랑 체인을 운영하고 있었다. 그는 레스토랑 부지를 알아보기 위해 부동산을 찾던 중이었다.

2년 후 두 사람은 하와이에서 결혼했다. 우울증을 앓는 가운데에서도 관계의 끈을 놓지 않으려고 부단히 애썼던 스테이시의 노력이 미래로 향하는 문을 열어준 것이다.

아마도 당신은 우울증이 당신을 고립시키고 다른 이들과의 소통을 방해하고 있다고 느낄지도 모른다. 언론인이자 우울증의 원인을 조사해온 요한 하리Johann Hari는 그 반대, 즉 고립이 우울증을 유발한다는 사실을 알아냈다. 자신의 책《물어봐줘서 고마워요Lost Connection》14에서 관계를 맺는 것이 우울증에서 빠져나가는 방법이라는 것을 알아냈다. 학습된 희망이 어떻게 작동하는지 살펴보았을 때 이것은 이치에 잘 들어맞는다. 지속 가능한 회복은 긍정적 관계에서 비롯되는 것이 틀림없다.

지금 내 옆에 있는 사람

우울증으로 당신의 에너지가 막 고갈된 상태에서는 친구들이나 타인과 관계를 맺을 마음의 여유가 없다. 도저히 할 수 없는 일처럼 보일지 모른다. 하지만 좋은 관계가 우리의 건강에도 영향을 미친다는 사실을 알아야 한다.

수십 년 동안 사람들의 건강과 삶을 분석하고 직업과 결혼에서 성취와 실패를 가른 것은 무엇이었는지 원인을 살펴보았다. 대공황기인 1938년에 하버드 대학교 2학년에 재학 중이던 학생 총 268명이 참여했는데, 2017년까지 단 19명만이 생존해 있었다. 연구 결과는 우리가 더 나은 삶을 가져다준다고 생각하는 많은 요소들이 틀렸음을 보여주었다. 얼마나 많은 돈을 가졌는지, 대학을 나왔는지, 혹은 어느 대학을 나왔는지는 상관없다는 것이었다. 이런 요소들이 반드시 행복한 삶으로 이어지지는 않는다. 중요한 것은 우리가 맺고 있는 관계의 질이다.[115]

현재 이 연구의 책임자인 로버트 월딩어Robert Waldinger는 "인간 관계에서 느끼는 행복감이 우리의 건강에 가장 강력한 영향을 미치는 요소이다"라고 말한다. 그는 "50세 때 인간관계에서 가장 만족한 참가자들이 80세에도 여전히 가장 건강했다"는 것을 알아냈다.[116] 42년간 이 연구를 이끈 활기 넘치는 정신과 의사 조지 베일런트George E. Vaillant는 훨씬 더 정확하게 요약한다.[117] "행복은 사랑이다. 끝."

잃어버린 연결을 찾아서

희망을 채우는 7가지 결정에 대해 당신이 배운 것들은 대부분 당신의 관점이 어떻게 변화하고 재조명될 수 있는지 보여준다. 이것은 당신의 관계에도 적용된다.

이번 장에서는 과거와 현재, 그리고 미래의 관계를 긍정적으로 재조명하는 방법을 모색해볼 것이다. 이것은 재발을 방지하는 방법 중 하나이다. 인간관계는 종종 사람들을 우울증에 빠트리는 주요 원인이 되지만, 동시에 탈출구가 될 수도 있다.

우선 당신에게 친절하게 대해주거나 사랑을 보여주었거나, 또는 어떤 식으로든 곁에 있어준 사람들, 당신이 고마움을 충분히 표하지 못한 사람들을 살펴보자. 여기에는 아직도 연락하고 지내는 사람, 연락이 끊긴 사람, 혹은 세상을 떠난 사람들도 있다.

고마운 사람 만나보기[118]

● ● ●

Step 1 : 의자에 앉아 감사를 표할 사람들을 상상해보라. 그들 특유의 자세로 앉아 있는 모습을 마음속에 그려보자. 그들에게 직접 말을 건네듯이 감사를 표하라. 비록 이 세상에 없더라도 말이다. 천천히 시간을 갖고 그들에게 감사하고 싶은 것들을 이야기하라.

당신은 잃어버린 긍정적인 감정들을 불러일으킬 것이다. 여러 감정이 한꺼번에 쏟아져 나오기도 하는데 지극히 정상이다. 대개 눈물은 감사의 깊이를 드러낸다. 반드시 슬픔 때문에 눈물을 흘리는 것은 아니다.

Step 2 : 이제 역할을 바꿔 당신이 감사하는 사람이 되어보자. 잠시 그들의 입장이 되어보라. 그들처럼 앉아서 당신이 감사한 마음을 표했을 때 그들이 어떻게 느낄지 상상해보자. 그들처럼 가장 합리적인 방식으로 대응하라.

Step 3 : 다시 자기 자리로 돌아가서 그 사람에게 더 하고 싶은 말이 있으면 해보자.

그다음에 자기 생각, 느낌, 통찰력을 적어보자. 어떤 기분이 드는지, 몸에 어떤 변화가 일어났는지 살펴보자. 자신의 경험을 옳다고 느끼는 만큼 기록하고 자신과 다른 사람을 둘 다 연기한 느낌에 특히 주의를 기울이자.

이러한 방법을 가상 감사 방문Virtual Gratitude Visit, VGV이라고 부른다. 이것은 마틴 셀리그만이 설계한 최초의 긍정심리학 중 하나를 기반으로 만들었다.[119] 그는 학생들에게 감사의 편지를 써서 직접 전달하라고 했다. 연구 결과 학생들의 행복 점수가 올라갔을 뿐만 아니라 최소 한 달 동안 우울증이 낮아진 것으로 나타났다. 감사의 편지 쓰기가 지속적인 효과가 있었음을 보여주었다.

누군가에게 감사 편지를 쓰는 것은 내가 적극적으로 권하는 것이다. 이메일이나 감사의 문자 메시지도 좋다. 당신은 그 일을 해서 기분이 좋고, 상대는 그것을 받아서 즐겁다.

가상 감사 방문을 통해 여러 감정이 쏟아져 나오면서 효과가 확대된다. 또한 감사라는 잠재적 경험을 현재 가능한 사람들 이상으로 널리 확대한다.

일상의 작은 결정들

우울증으로 고립되어 있으면 관계를 맺고자 하는 의욕이 사라지고 스스로 위축되기도 한다. 앞의 각 장에서 상승 나선을 시작할 수 있는 방법들을 소개했다. 훈련을 통해 이런 기술을 적용하다 보면 여러 가지 방법들이 계속 추가된다.

작은 목표부터 시작하는 것은 관계를 맺는 데도 탁월한 방법이다. 집을 팔거나, 이혼하거나, 직장을 그만두는 것과 같은 주요한 결정들은 우리의 에너지를 고갈시킨다. 하지만 일상적인 작은 결정들은 정신적 에너지를 빼앗지 않으면서 긍정적인 기분을 느끼게 한다. 매일 사람들과 관계를 맺기 위해 한 가지씩 작은 결정을 내리는 것도 좋다. 당신이 잘 아는 사람들부터 시작해보자.

희망을 채우기 위해 지금 당장 해야 할 일

가까이해야 할 사람, 멀리해야 할 사람

• • •

일기의 빈 종이에 여자는 동그라미, 남자는 세모로 표시한다. 자신의 이름을 이 사회적 원자(Social Atom, 심리극의 창시자 제이콥 모레노가 고안한 것으로, 간단한 도형으로 인간관계를 나타내는 일종의 그림 검사)의 가운데 써넣는다.

Step 1 : 현재 관계를 맺고 있는 모든 사람을 동그라미 또는 세모로 그려보자. 도형은 당신이 원하는 만큼 크거나 작거나, 당신 가까이 또는 멀리 놓아도 된다. 긍정적이거나 부정적인 관계도 상관없다. 그리는 방법이 딱히 정해진 것은 없다. 고모가 멀리 떨어져 있지만 당신에게 매우 긍정적인 의미가 있다면, 자신과 멀리 떨어뜨려놓으면서 도형을 크게 그린다. 당신의 삶에 존재하는 모든 사람에 대해 상대적인 크기와 거리를 표시하라. 이미 세상을 떠난 사람은 점선으로 표시한다.

Step 2 : 사회적 원자에 표시한 사람 중에 소통을 늘리고 싶은 사람을 딱 한 명 찾아보라. 그렇게 할 수 있는 다양한 방법을 생각해보고 그중 한 가지를 골라보라. 문자, 전화, 또는 직접 찾아갈 수도 있다. 이메일이나 카드를 보낼 수도 있다. 연락할 한 가지 방법을 알아내라. 아마 당신이 이미 한 달에 한 번 정도 보고 있는 사람일 수도 있다. 그렇다면 한 달에 두 번 만나는 것을 고려해보라.

살아가면서 가까이 두고 싶은 인맥을 확장할 방법을 찾아본다. 현재보다 더 깊은 관계를 맺는 것은 웰빙을 증진하는 좋은 방법이다. 30일 동안 이것을 실행해보라. 실행에 옮기고 난 후에는 관계를 맺는 것이 얼마나 도움이 되었는지 일기에 기록한다.

Step 3 : 삶에서 더 많은 희망을 가지려면 이미 긍정적인 관계를 맺고 있는 사람들과 더 많이 만나고 접촉하는 것뿐만 아니라 우리의 에너지를 빨아들이고 고갈시키는 사람들과 멀리하는 것도 중요하다. 다시 사회적 원자로 돌아가서 찬찬히 살펴보자. 누가 당신에게 부정적인 영향을 끼치는가? 그들과의 접촉을 줄이기 위해 당신은 무엇을 할 수 있는가? 특히 당신과 가장 자주 접촉하면서 상당히 부정적인 영향을 끼치고 있는 사람들을 주목하라. 그리고 그들과의 접촉을 줄이는 방법을 생각해보자.

희망이 미래에 대한 기대감이라면, 그저 당신의 에너지를 소진하는 사람들과의 접촉을 줄이는 것만으로도 희망이 저절로 생긴다. 30일 이내에 계획을 실행하고 그 경험에 대해 일기에 기록한다.

가상 감사 방문은 당신에게 도움이 되었던 과거의 관계에 대해 준비운동을 할 수 있게 해주었다. 하지만 사회적 원자는 가족, 친구, 그리고 딱히 도움이 되지 않는 사람들, 즉 '친구인 척하는 적'을 재빨리 한 번 훑어보도록 해주었다. 이 연습을 하고 나서 실제로 행동에 옮긴다면 다시 통제력을 갖게 될 것이다. 계획을 실행하는 것은 희망에 먹이를 주는 것과 같다.

우리 뇌에는 신경퇴행성인자BDNF라는 단백질이 있는데, '뇌를 위한 기적 성장'[120]으로 불리기도 한다. 이것은 우울증 완화에 탁월한 영향을 미치고 뇌의 신경 재생성을 증가시킨다고 한다. 또한 수면을 취해 뇌를 보호하고 회복하는 데도 도움을 준다. BDNF를 저해하는 가장 큰 요인 중 하나는 사회적 고립이다. 그래서 사람들 곁에 있는 것이 중요하다.

이 장의 마지막 연습은 BDNF의 생산을 자극하는 가장 쉬운 방법 중 하나이다. 캐나다, 영국, 네덜란드, 호주, 뉴질랜드에서 운동은 우울증 치료에서 가장 먼저 실행하는 방법이며, 운동이 효과가 없을 경우에 약물치료를 한다.[121] 여러 연구에서 운동이 BDNF를 생산한다는 사실이 밝혀졌다. 체육관이나 헬스장에 가는 것은 2가지 도움을 얻을 수 있다. 첫째, 뜻이 비슷한 사람들끼리 운동을 할 수 있고, 둘째, 사회 참여 기회를 늘리는 것이다.

희망을 채우기 위해 지금 당장 해야 할 일
'안녕하세요' 인사 건네보기

• • •

Step 1: 일기에 당신의 인생에서 가장 중요한 세 사람 중 가족이나 친인척이 아닌 사람을 적어보라. 딱히 좋은 영향이 아니라 그저 당신 삶에 가장 많은 영향을 준 사람들을 꼽으면 된다. 앞선 연습에서 표시했을 수도 있다. 당신의 배우자, 연인, 친구, 직장 동료, 상사일 수도 있다.

각각의 사람들을 어떻게 만났는지 적어보라. 한두 문장으로 정리해라. 만날 당시의 상황을 회상하고 기록하라.

Step 2 : 이 모든 것을 적어 내려가고 나면 당신의 인생에 가장 영향력을 미친 사람들을 우연히 만났다는 사실을 알게 될 것이다. 대부분 계획하지도 않았고 생각지도 못했던 계기로 그들을 만났을 것이다. 스테이시의 이야기로 돌아가 보자. 커피를 사려고 줄을 섰다가 뒤에 있는 사람에게 "안녕하세요"라고 인사를 건넸는데, 마침 현금도 없고 카드도 차단된 상황이 발생했다. 마치 그 남자를 만나기 위해 맞춰져 있었던 것처럼 말이다. 이 모든 일이 일어나도록 만든 힘의 융합은 스테이시 혼자 할 수 없는 일이었다. 다만 스테이시는 그 일이 일어날 준비를 한 것이다. 이제 당신이 할 차례이다.

내 뒤에 있는 낯선 사람에게 말을 걸어보자

인맥을 만들기 위해서는 사람들이 있는 곳으로 가야 한다. 사람들이 모이는 장소를 생각해보자. 해변, 커피숍, 대학 캠퍼스, 공원, 쇼핑몰 등. 일단 그곳에 가면 의도적으로라도 다른 사람들에게 다가가 보자. 사람들에게 다가가기가 두렵다면 부정적인 생각이 크게 부풀어 올랐기 때문이다. 하지만 다른 사람들에게 다가가기로 결정했다면 두려움은 즉시 바뀔 수 있다.

아마도 사람들에게 다가가기 가장 쉽고 거부감도 가장 덜한 방법 중에 하나는 상대를 향해 미소를 짓는 것이다. 나는 종종 단순한 미소가 긍정적인 반응을 일으킬 수 있다는 사실에 놀라곤 한다. 미소를 되찾는 것이 아주 간단하면서도 강력한 방법이 될 수 있다.

미소는 그저 좋은 정도가 아니다. 과학적으로도 웃음은 다른 사람들에게 긍정적인 반응을 불러일으킨다고 한다.[122] 물론 당신의 사고 과정을 바꾸는 데 도움이 되는 것은 말할 것도 없다. 모든 사람이 미소에 반응하는 것은 아니지만, 한 사람이 안 해주면 다음 사람이 해줄 수도 있다. 당신은 아마 누군가와 짧은 순간이지만 긍정적인 관계를 시작했다고 느끼기에 충분한 반응을 얻게 될 것이다. 적중률은 대략 50퍼센트 정도 될 것이다. 하지만 이것은 당신이 50퍼센트 더 많은 사람과 연결되었다는 뜻이다. 또 다른 아이디어를 소개하면 다음과 같다.

- 스테이시가 한 것처럼 줄에 서 있는 누군가에게 "안녕하세요"라고 말한다.
- 낯선 사람에게 질문하라.("여긴 버스가 얼마나 자주 다녀요?")

- 모르는 사람에게 길을 물어보라.("영화관에 가려고 하는데, 어디 있는지 아세요?")
- 누군가 입고 있는 옷을 칭찬하라.("모자가 멋지네요!")
- 공유하고 있는 경험에 대해 짧게 의견을 말하라.("여기 음식 맛있지 않아요?")
- 문신에 감탄하라.("참 재미있네요. 직접 디자인하셨나요?")
- 의견을 구하라.("제가 이 근처에 처음 왔는데, 점심 먹을 만한 괜찮은 곳을 아시나요?")

모두 연결의 물꼬를 트는 대화법이다. 우울증과 사회적 고립은 우리를 고갈시키고 희망이 자라나지 못하도록 한다. 다른 사람들과 만나는 것은 불편할 수 있지만 우울증의 소용돌이에서 벗어나는 가장 좋은 방법이다. 입에 쓴 약이 잘 듣는다고 생각하라. 그저 당신이 더 나아지기 위해서 필요한 일일 뿐이다.

스테이시처럼 규칙적인 습관이 될 때까지 전력을 다해보자. 보통 한 달이 지나면 자연스러워지기 시작하고 두 달이 지나면서 일상이 되어간다. 이것은 위험을 감수할 가치가 있다. 당신의 경험을 반드시 일기에 기록하라.

다음 단계는 다른 사람들과 경험을 공유하는 것이다. 이것은 사람들이 많은 공원에 가는 것과는 다른 차원이다. 오히려 조직적인 행사에 더 가깝다. 세미나, 강연, 워크숍에는 뜻이 맞는 사람들이 모이고 사회적 참여를 할 기회도 많다. 단순히 사람들과 함께 있는 것 이상이다. 왜냐하면 소통이 일어나는 가장 보편적인 방식인 경험을 함께 나누기 때문이다.

경험에 대한 논평이나 질문은 종종 사람들과 관계를 맺는 가장 쉬운 방법이다. 사람들과 경험을 공유하는 행사에 참여하면 많은 가능성을 얻을 수 있다.

다음 단계는 모임, 클럽, 수업 등을 찾아가는 것이다. 당신이 어떤 관심사를 가지고 토론하기 위해 한 그룹에 정기적으로 참여하고 사람들을 사귈 수 있다면 훨씬 좋을 것이다. 때때로 지지를 받는 환경이라면 어색함을 줄이거나 없애는 데 도움이 된다. 같은 사람들을 반복적으로 만나는 것이라면 수업을 듣든 세미나를 하든 모두 괜찮다. 어느 것이든 우울증의 요인을 제거하는 가장 활동적이고 광범위한 방법이다.

먼저 마음 여는 법

요가 수업을 같이 듣는 사람이나 스타벅스 계산대 앞에 줄을 서 있는 누군가에게 인사를 하는 것이 정말 우울증에서 벗어나는 데 효과가 있을까? 바버라 프레드릭슨은 그렇게 생각한다. 그녀는《러

브 2.0$^{Love\ 2.0}$》에서 사랑의 생화학, 즉 낯선 사람과 연결되는 힘을 재해석했다. 사랑에는 로맨스와 성적 매력만 있는 게 아니다. 그녀는 사랑의 개념이 너무 제한적인 것을 '전 세계적인 상상력의 붕괴'라고 표현했다.[123]

바버라는 이러한 긍정성 공명$^{Positivity\ Resonance}$의 순간들은 부모와 자식 사이든, 친구 사이든, 연인 사이든, 혹은 완전히 낯선 사람이든 똑같다고 믿는다. 이러한 경험들은 생화학적으로 '사실상 같다.'

인간은 생존하기 위해 사랑하도록 설계되었다. 그녀는 이것을 긍정성 공명이라고 부른다. 그리고 할 수 있는 한 긍정성 공명을 가장 활성화할 방법을 찾는 것이 우리의 임무이다. 공유함으로써 이러한 연결을 증가시켜 상승 나선을 일으킬 수 있다.

다른 사람에게 다가가는 일에 위험이 따를 것 같지만 실제로는 그렇지 않다. 상대에게 고개를 끄덕이고 미소를 지으려면 용기가 필요하지만 삶과 죽음의 문제는 아니라는 얘기다. 위험을 감수하는 것은 사회적 고립을 경험하지 않고 우울증 재발의 위험을 막는 최고의 방법이다.

이제 당신이 도전할 차례다. 매일 새로운 사람에게 인사해보자. 첫 주는 어렵겠지만 시간이 지나면 더 쉽게 세상으로 나아갈 수 있는 새로운 습관으로 자리 잡을 것이다. 진행 상황을 일기에 적어보자. 여기에 익숙해질수록 연결을 위한 다른 아이디어를 덧붙일 수 있다.

익숙한 것에서 멀어져도 좋다

이런 변화가 어려운 이유는 우리가 일반적인 행동 패턴에 저항하고 있기 때문이다. 유아가 부모 및 보호자와 유대감을 맺는 방식을 설명하는 애착이론attachment theory에는 동시성synchronization과 비동시성desynchronization이 있다. 우리가 보호자와 조화를 이루면 동시성을 형성한다. 바버라 프레드릭슨의 연구는 긍정적 감정이 동시성을 불러온다는 것을 보여주었다. 우울증은 그렇지 않다.

한동안 우울증에 빠져 있거나 우울증에 빠진 사람들 틈에서 성장하면 우리 내부의 GPS 시스템에 문제가 발생한다. 인생을 항해하는 능력이 사라지는 것이다. 우울함 속에서, 우리는 우울증 자체가 습관이 될 정도로 너무나 오랫동안 희망을 가로막는 선택을 해왔는지도 모른다.

우리를 계속 우울하게 만드는 일을 할 때 동시성을 형성한 것 같은 기분이 들지도 모르겠다. 그래서 뭔가 다른 일을 한다면 동시성에서 벗어났다고 느끼는 것이다. 이처럼 내부 GPS가 당신에게 잘못된 목적지를 가리키고 있을지도 모른다.

유아는 친숙한 것을 선호한다. 인간은 유아기 이전에 본 것을 인식하는 강력한 능력을 갖고 있다. 진화심리학자들은 유아의 이런 능력이 생존을 위해 가치가 있다고 말한다. 자신을 돌봐주는 사람을 알아보고 눈을 마주치면 받아먹고 보살핌을 받기 때문이다. 화재와 같은 위험한 사건을 발견하면 그것을 피해야 한다는 것을 기억하게 될 것이다.

그러나 이러한 인식의 힘은 특정한 것을 기억하는 것을 훨씬 넘어선다. '가족family'과 '낯익은, 익숙한familiar'의 어원이 같다. 유아들은 매우 익숙한 것, 또는 낯익은 사람에 끌린다. 왜냐하면 익숙한 것에서 (실제로는 안전하지 않더라도) 안전하다고 느끼기 때문이다. 좋다 나쁘다가 아니라 익숙하고 생소한 것이다.

유아들에게 1인치짜리 공을 가지고 놀게 한 다음, 1인치짜리 정육면체와 1인치짜리 공을 주면 유아들은 언제나 공을 선택한다. 이유는 익숙하기 때문이다. 그러나 같은 실험에서 아기에게 1인치짜리 공을 주고 난 뒤에 3인치짜리 공과 3인치짜리 정육면체를 보여주면, 이전에 3인치짜리 물체를 전혀 본 적이 없는데도 공을 선택한다. 뇌가 원형을 기억하기 때문이다. 아기들은 자신들이 가지고 놀던 1인치짜리 공과 가장 비슷한 3인치짜리 공을 선택한다.

우리의 감정도 마찬가지다. 우울증에 익숙해지면 계속 우울증을 유지할 방법을 찾는다. 그래서 산책을 하기보다는 소파에 앉아 있는 시간이 더 많다. 계속 생각의 함정과 행동 함정에 빠진다. 왜냐하면 익숙하기 때문이다. 연결되기보다는 고립된 채로 지내는 것이 익숙하다.

인간의 정신은 좋은 것과 나쁜 것에는 그다지 신경 쓰지 않는다.

우리는 익숙한 것에 끌리기 때문에 오히려 같은 것과 다른 것에 더 신경을 쓴다. 그렇기에 우울증의 패턴을 바꾸기가 그토록 어려운 것이다. 우리는 항상 해왔던 일에 계속 이끌리고, 뭔가 다른 일을 시도하는 것은 무척 생소하기에 힘에 부친다.

바버라 프레드릭슨이 말한 대로 긍정적 감정이 동시성을 불러온다. 긍정적 정서는 우리를 자연스러운 상태로 되돌린다. 우리가 우울증을 앓는 동안 생긴 습관적인 상태가 아니다. 역기능가정^{dysfunc-}tional family(알코올중독, 도박, 가난 등으로 가족 간 불화나 폭력이 자주 나타나 아동이 방치 또는 학대를 당하는 상황에 적응한 가정)에서 성장한 사람들과 상담해보면 그들은 마치 가족에게 발견되는 비슷한 종류의 역학에 끌리는 것처럼 보인다.

그들에게 새로운 긍정적 경험을 안겨주고 더 나은 결정을 내리도록 도와주면 자신들이 경험한 것보다 더 좋은 일이 일어날 수 있다는 희망을 좀 더 쉽게 가질 수 있다. 이것은 우울증에도 시도해볼 만한 방법이다.

당신은 더 긍정적인 경험에 몰입할 수 있다. 이는 당신이 겪은 경험들과 대조적일 뿐만 아니라, 고립을 방지하여 가장 강력한 희망의 원천인 사람들에게서 격리되는 것을 막아줄 것이다.

깨진 삶의 조각을 모으기[124]

지금까지 살아오면서 타인에게 상처받지 않는 사람을 만나본 적이 없다. 인간으로서 존재하는 한 거절, 배신, 상실의 고통을 느낄 수밖에 없다. 이러한 고통은 삶의 일부이기도 하다. 그러나 고통을 대하는 방식은 우리가 결정할 수 있다. 웨인 다이어Wayne Dyer가 말했듯이 "사람들이 당신을 대하는 방법은 그들의 것이다. 하지만 당신의 반응은 당신의 것이다."

일본의 킨츠키golden repair(황금빛의 수리) 기술은 깨진 물건을 버리지 않고 수리하여 자랑스럽게 전시하는 것이다. 이 기술은 귀금속을 이용하여 도자기 그릇과 찻주전자 등의 깨진 부분을 두드러지게 하는 것이다. 보통 액상 금이나 액상 은을 발라 깨진 부분을 수리해서 질을 더 높인다. 이런 방식으로 조각들을 결합하면 수리된 작품이 독특한 예술 작품으로 가치가 올라간다. 무작위로 나타난 균열은 귀금속을 통해 더 튼튼하고 새로운 패턴으로 거듭난다.

사회적 고립은 삶이라는 도자기의 깨진 금이고, 타인과의 연결은 액상 금이다. 사람들에게서 멀어지는 것은 우울한 기분을 자라나게 하는 원천이다. 다른 사람들에게 다가가는 방법을 배울 때 깨진 삶의 조각을 가장 잘 맞출 수 있다. 사람들과 연결되려는 노력을 계속하면 한두 개의 관계를 복구하고 싶어질 것이다. 무언가를 고치려고 노력하면 원래보다 더 가치 있게 만들 수 있다. 파손된 것을 수리하면 그 이전보다 더 아름다운 모습으로 탄생하는 것이다.

타인의 행복을 축하하기

관계 과학relationship science 연구 초기에는 일반적인 심리학과 같은 선상에서 초점을 맞췄다. 수정과 개선을 강조하다 보니 실제로 효과적인 방법이 무시되곤 했다. 이번 장에서 당신은 다른 사람과 관계를 맺는 방법을 찾고 있다. 이제 관계를 유지하는 방법을 살펴보겠다.

존 고트만John Gottman과 셸리 게이블Shelly Gable 같은 관계 과학자들은 관계가 얼마나 좋고 오래갈 것인지 예측하고, 아울러 관계가 튼튼해지려면 긍정적 표현이 매우 중요하다는 것을 알게 되었다. 예를 들어 셸리 게이블[125]은 다른 사람에게 좋은 일이 생겼을 때 축하해주는 것이야말로 더 나은 관계로 나아가는 하나의 티켓이라는 연구 결과를 내놓았다.

우울함에 빠져 혼자 있을 때는 상실감과 함께 부정적인 생각과 감정에 사로잡힌다. 그것은 마치 우리를 안전하게 지켜줄 벽을 쌓는 것과 같다. 그러나 우리를 보호해주는 벽은 동시에 우리를 가두는 감옥이 되고 만다. 우리가 가질 수 없거나 우리에게 없는 것에

만 초점을 맞추고, 타인이 필요로 하는 것은 우리와는 상관없는 일이 된다. 혼자 있으면 다른 사람들과의 유대와 그들의 행운 역시 존재하지 않는다.

친절한 행동은 우울증의 늪에서 빠져나올 수 있는 가장 빠른 방법 가운데 하나다. 또한 그것은 훌륭한 결혼생활을 좌우하는 가장 중요한 요소이기도 하다.[126] 다른 사람들이 필요로 하는 것들에 대해 생각하는 순간, 당신은 스스로를 가두는 생각과 행동의 함정에서 벗어났다. 셸리 게이블은 4가지 반응을 '능동적·건설적', '능동적·파괴적', '소극적·파괴적', '소극적·건설적'으로 나눴다.

능동적·건설적 반응은 다른 누군가의 행운을 축하하고 기쁨을 표현하는 것이다. 흥분된 감정을 표현하면서 상대방이 좋은 소식을 들었을 때의 기쁨을 한 번 더 경험하게 한다. 마치 그들에게 행복을 가져다준 것에 대해 인터뷰를 진행하는 것과 같다.

당신은 인생에서 더 많은 기쁨을 찾고 있다. 그런데 이 사람은 자신들에게 기쁨을 가져다준 '그것'을 발견한 것이다. 긍정심리 치료 분야에서 이 방법은 참가자들이 배우는 핵심 기술 중 하나다. 당신이 바로 이 책에서 배우고 있고, 지속 가능한 방식으로 우울증을 줄이고 웰빙을 증가시켜온 긍정적인 개입이다.

스펙트럼의 다른 한쪽 끝에는 소극적·건설적 반응이 있다. 누군가 자신이 파격적으로 승진했다고 말하면, 당신은 그냥 "잘됐네요"라고 말한다. 당신의 반응은 궁극적으로는 흥을 깨는 것이며, 또 흥미를 보이지 않음으로써 긍정적 경험에서 멀어진다. 기분이 나아지고 싶다면 다른 사람들을 지지해줘야 한다. 하지만 우울할 때는 그저 영혼 없이 몇 마디 던지는 것조차 힘들기 마련이다. 이렇게 반응하면 생각의 함정에 더욱 빠지게 된다.

당신의 기분이 다른 사람들의 감정 수준과 맞지 않으면 그들은 당신과 좋은 소식을 공유하지 않으려고 한다. 더구나 당신이 뭔가를 성취했을 때도 진심으로 기뻐하지 않을 것이다.

소극적·파괴적 반응은 자신의 좋은 소식으로 상대방의 좋은 소식에 대응하는 것이다. 자신의 열광적 반응으로 상대방의 열광적인 흥분을 빼앗아간다. 새로 자동차를 산 누군가가 매우 흡족해하면, 자신은 곧 콘도 하나를 사려고 한다며 떠들어대는 것이다. 소극적·파괴적 반응은 다른 이들의 돛에서 바람을 빼앗아가기 때문에 그들의 좋은 소식은 인식되지 않는다.

마지막으로 능동적·파괴적 반응이 있다. 상대의 좋은 소식에 찬물을 끼얹는 것이다. 방금 새 차를 사고 들떠 있는 사람한테 그 차가 기름 먹는 하마라든가 유지 관리 비용이 많이 든다는 식의 반응을 보인다. 그 말이 사실일지라도 상대는 좋은 기분을 망쳐버리고 만다.

다음 한 주 동안 다른 사람의 좋은 소식에 반응할 때마다 일기에 기록하라. 사람들이 자신의 경험을 당신과 공유하는 것을 행운으로 여기고 신중하게 행동하라. 다른 사람의 행운을 축하할 때 자신도 기쁨을 느낄 수 있다.

이제 당신은 이 모든 것을 한데 끌어모으고 학습된 희망으로 만든 변화를 유지할 계획을 세울 준비가 되었다. 마지막 장에서는 변화된 긍정적인 상황을 유지하는 비결을 배울 것이다.

살아가면서 단 한 번도

타인에게 마음의 상처를 받지 않은 사람은 없다.

하지만 상처를 치유해주는 것 역시 사람이다.

9장

나는
희망을 가져도 된다

결국 우리의 감정, 태도, 생각이 우리 몸에 어마어마한 영향을 미치고,
때로는 삶이나 죽음을 좌우할 정도로 중요하다는 것이 분명해졌다.
- 래리 도시

실제로는 생리적인 효과가 전혀 없고 심리적 안정을 얻기 위해 환자에게 주는 가짜 약을 플라세보placebo라고 한다. 의료계와 심리학계는 플라세보를 사용하여 치료 효과를 측정한다. 그것은 제약회사가 약의 효과를 입증하기 위해 반드시 이겨야 하는 상대이다. 플라세보 효과는 치료에 대한 환자의 믿음으로 생겨나는 것이다. 명심하라. 믿음은 결과에 영향을 미치는 기대치를 변화시킨다.

약물이 플라세보보다 효과가 좋지 않으면 연구 결과는 발표되지 않는다. 약물이 플라세보 이상의 효과를 나타낼 때만 연구 저널에 게재된다. 100개의 연구 중 98개의 연구가 전혀 효과를 보이지 않는다면, 과학계는 플라세보 효과 이상을 보여주는 단 2가지 연구에 대해서만 읽게 된다. 플라세보 효과 정도를 보여주는 98가지에 대해서는 읽지 않는다는 뜻이다.[127]

플라세보 효과의 힘은 이 책에서 배운 바로 그것이다. 저명한 내과 의사 허버트 스피겔Herbert Spiegel은 "플라세보 효과는 희망, 믿음,

신뢰, 사랑에 최적화된 조건에서 발생할 수 있다"라고 말했다. 제약회사들의 항우울제 임상시험을 연구하고 있는 대표적인 권위자 어빙 커쉬Irving Kirsch 박사는 항우울제 효과의 80퍼센트는 플라세보 효과에서 비롯된다는 사실을 밝혀냈다. 우리의 믿음이 약물보다 웰빙에 더 많은 영향을 미친다는 것이다. 〈뉴욕타임스〉의 기사에 따르면 "중요한 요인은 우리에게 일어날 일에 대한 우리의 믿음이다." 긍정적인 효과를 보기 위해 굳이 약물에 의존할 필요 없다.[128]

믿음으로도 얼마든지 좋은 효과를 얻을 수 있다는 것은 긍정심리 치료에서 가장 괄목할 만한 업적이다. 이러한 강점 기반의 접근 방식은 사람들이 단지 고통을 완화하는 데 그치지 않고 웰빙을 향상할 수 있다는 믿음에서 시작되었다. 테이얍 라시드와 마틴 셀리그만은 긍정적 개입이 항우울제보다 훨씬 효과가 있다는 것을 보여주었다.[129]

왜 그럴까? 긍정적 기대, 즉 우리에게 좋은 일이 일어날 것이라는 믿음을 주기 때문이다. 결과적으로 긍정적 기대는 매우 긍정적인 결과를 만들어낸다. 한 연구에서 긍정심리 치료의 효과는 일반적인 심리치료제와 항우울제를 합친 것보다 3배나 높았다. 사람들이 인생에서 더 많은 희망과 행복을 가질 수 있다는 믿음을 실천할 때 더욱 강력한 효과를 얻을 수 있다.

희망의 플라세보 효과

조 디스펜자Joe Dispenza 박사가 말했듯이 당신이 바로 플라세보다.[130] 그리고 당신은 기대를 바꿔줄 더 나은 결정을 내리기 위한 방법을 익혔다.

희망은 우리가 믿는 것을 바꾸지 않지만, 우리가 믿는 것은 우리가 희망하는 방식을 바꾼다. 1장에서 나는 프리즘을 통과한 색이 완전한 스펙트럼으로 변하는 빛의 은유를 함께 공유했다. 의도적으로 웰빙을 함양하면 우리의 선택을 걸러내는 믿음을 변화시킬 수

희망의 위계

염원하라 다음은 무엇인가?	높은 희망
예상하라 무엇이 가능한가?	의지 목표 경로
조정하라 나는 무엇을 바꿔야 하는가?	재조정 / 위험 측정
적용하라 나는 무엇을 통제할 수 있는가?	관점
요청하고 수락하라 나는 무엇이 필요한가?	지지
활성화하라 나는 무엇을 할 수 있는가?	자원
인정하라 무슨 일이 일어나고 있는가?	부정성 / 불확실성

있다. 그 믿음을 통해 우리는 다른 선택과 결정에 도전할 수 있다.

삶에서 필연적으로 발생하는 부정성과 불확실성에 대처하는 방법을 제공하는 희망이 어떤 단계를 거쳐 작동하는지 살펴보겠다.

관점은 중간에 있다. 관점은 이 책의 주제이며 당신은 변화를 위해 관점을 바꾸는 방법을 연습했다. 우리가 무엇을 통제하거나 영향을 미칠 수 있는가에 대한 우리의 믿음에 초점을 맞추었기 때문에 관점은 이 시스템의 티핑포인트^{Tipping Point}(작은 영향들이 쌓여 어느 순간 큰 영향을 끼칠 수 있는 순간)다. 희망의 위계 각 층은 우리에게 생각해봐야 할 질문과 그것에 따르는 행동 과정을 보여준다. 부정성과 불확실성은 희망을 활성화하는 데 필요한 요소인 만큼 맨 밑에 있다.

'무슨 일이 일어나고 있는가?'라는 의문은 부정적이고 불확실한 상황에서 자신에게 던져야 할 첫 번째 질문이다. 이 질문은 우리가 추정하는 것보다 현재 상황을 더 명확하게 인정하기 위한 것이다. 부정적인 생각이나 잘못된 정보로 흐려지기보다는 정직한 평가가 '나는 무엇을 할 수 있는가?'라는 질문에 더 정확하게 답할 수 있다. 이것은 우리가 필요한 자원을 활용할 수 있게 해준다. 우리의 상황을 정확하게 평가한 후에 그것을 바로잡기 위해 자유롭게 사용할 수 있는 것이 무엇인지 자문해본다.

우울증은 고립된 상태에서 번성한다. 따라서 희망을 활성화하는 데 필요한 다음 단계는 다른 사람의 지지와 도움을 받는 것이다. '나는 무엇이 필요한가?'라는 질문은 정서적 지지를 요청하고 받아들이기 위한 것이다. 이것은 희망을 자라게 할 뿐만 아니라 우울증의 불씨를 억제한다.

이 모든 것이 우리의 관점을 통제할 수 있는 문턱까지 이끈다. '나는 무엇을 통제할 수 있는가?'라는 물음은 우리가 결정을 내리고 있음을 강조해서 우리에게 힘을 준다. 7가지 결정은 오래된 부정적인 사고 습관에서 벗어나 부푼 희망으로 전환하는 데 중점을 둔다. 낡은 믿음은 끈질기기 때문에 그에 맞서려면 노력이 필요하다. 그것들은 우리의 기본적인 사고의 틀이므로 오래된 관점에 도전하는 것은 꽉 움켜쥔 손아귀의 힘을 빼는 것과 같다. 생각은 매우 강력하다. 왜냐하면 마치 우리를 보호하고 있다고 생각하기 때문이다.

부푼 희망이 보글보글 끓어오를 때

[희망을 채우기 위해 지금 당장 해야 할 일]을 통해 당신은 대안에 눈을 뜨고 부정적인 패턴 대신 웰빙을 불어넣는 새로운 패턴으로 바꾸는 연습을 했다. 낡은 생각의 습관에 도전할 때 자기 감정을 조절할 수 있다. 변화하고자 하는 노력은 변화 그 자체다. 부정적인 생각에 이의를 제기하는 것은 자기조절을 하는 것이다. 당신은 생

각의 방향을 의도적으로 바꾸고, 부정적인 생각을 긍정적으로 바꿀 수 있는 대안을 고려했다.

오랜 시간 동안 아무런 저항에 부딪히지 않은 부패한 지도자가 갑자기 대안적 지도력에 도전하는 모습을 상상해보라. 유권자들에게 선택권을 줌으로써 힘을 실어주는 것이다. 그렇게 해서 우리는 새 지도자를 뽑을 수 있다. 일단 대안이 있다는 것을 알고 난 후에는 설령 낡은 사고 습관이 다시 자리를 잡더라도 부정적인 생각이라는 것을 알게 된다.

위계의 더 높은 층에는 7가지 결정 사이의 연결 고리, 즉 목표 설정을 통한 재조정 및 위험 측정이 있다. 접시 하나를 씻기로 했던 에이미의 이야기를 기억해보자. 높은 희망을 연결하면 재조정 및 위험 측정이 프로세스로 연결된다. 희망을 유지하려면 목표와 위험을 지속적으로 감시해야 한다. 이 과정에서 '나는 무엇을 바꿔야 하는가?'를 끊임없이 물어야 한다.

파도를 잡은 서퍼를 생각해보라. 이제 파도를 타려면 균형을 유지하기 위해 다른 기술을 사용해야 한다. 그들의 목표와 위험 측정은 서로 협력하여 앞으로 나아가게 한다. 에이미는 접시 하나를 씻고 나서 힘을 얻자 다른 목표를 찾아서 해결하기 시작했다. '무엇을 바꿔야 하는가?'는 에이미의 새로운 만트라(주문)가 되었다.

각각의 개념들은 위계의 정상을 향해 오밀조밀 모여 있다. 높은 희망으로 이끄는 의지, 경로, 목표는 각각의 개념으로 이어진 토대 위에 세워졌다. 고고학자가 이전의 발견 위에 또 발견을 하듯이 계속 탐사를 하다 보면 보물 전체의 모습이 드러난다. 다른 연구자들이 발견한 것을 종합해보면 이 개념과 '무엇이 가능한가?'라는 질문을 뒷받침할 수 있다.

여기는 높은 희망이 사는 곳이다. 높은 희망은 관점을 바꾸는 티핑포인트에서 '다음은 무엇인가?'라는 질문을 던지고 다음 목표를 향해 나아갈 때 발전한다.

좋아질 거라는 믿음

행동수정Behavior Modification 심리학은 우리가 원하는 것에 이끌리고 고통스럽고 원치 않는 것은 피한다는 단순한 개념에 기반을 두고 있다. 수십 년 동안 이러한 관점은 변화를 이끄는 방식에 사용되면서 교사, 부모, 치료사 및 비즈니스 리더에게 각광받았다. 행동수정은 강화와 처벌의 원칙을 기반으로 한다. 상대가 원하는 것을 제공하거나 불쾌한 것을 중지함으로써 행동을 강화하는 것이다.

예를 들어 부모가 자녀에게 방 청소를 시키려면 20달러를 약속하고, 그렇게 하면 잔소리를 그만두겠다고 하는 것이다. 아이의 행동을 바꾸기 위해 긍정적인 강화(20달러)와 부정적인 강화(잔소리

중단)를 사용한다. 긍정적인 강화가 주어지면 부정적인 강화는 제거된다. 반대로 부모는 방 청소를 하지 않는 아이를 처벌할 수 있다. 예를 들어 방을 청소하지 않으면 용돈을 안 주는 것이다.

행동수정은 사람들을 변화시키기는 하지만 통제력이 외부에 있으므로 여러 가지 결함이 드러났다. 우울증을 앓고 있는 사람들은 이러한 방식으로 움직이지 않았다. 기분이 좋아졌으면 긍정적인 강화, 우울한 기분이면 부정적인 강화, 고립은 처벌처럼 느껴졌어야 했다. 이 때문에 교도소에서는 독방 감금을 벌칙으로 사용한다. 하지만 사람들은 기분이 좋아지기보다는 우울증을, 연결보다는 고립을 선택했다. 왜일까? 필요한 것은 믿음의 수정이기 때문이다.

믿음의 수정과 그것이 우울증에 어떤 영향을 미칠 수 있는지를 이해하기 위해 노세보 효과nocebo effect를 살펴보자.[131] 이것은 플라세보 효과와 반대되는 개념이다. 즉, 부정적인 믿음 때문에 실제로 부정적인 반응을 일으키는 것이다. 예를 들어 약이 효과가 없다고 생각하면 실제로 약효가 떨어진다.

노세보 효과의 가장 두드러진 예는 항우울제의 부작용이다. 노세보 효과에 관한 143건의 연구를 종합적으로 분석한 결과, 항우울제를 복용하지 않은 환자들이 여러 종류의 약물에서 부작용을 나타냈다.[132] 삼환계 항우울제를 복용한다고 생각하는 사람들은 SSRI(선택적 세로토닌 재흡수 억제제)를 복용한다고 들었을 때보다 구강 건조, 시력 문제, 피로 및 변비가 더 많이 보고되었다. 그들은 경험하라는 말에 따라 부작용의 유형과 정도를 경험했다. 두 그룹 모두 항우울제를 투여하지 않았지만 부작용에 대한 기대만으로 실제 부작용을 경험한 것이다.

우울증으로 인해 우리는 상황이 나아지지 않을 것이라고 기대함으로써 노세보 효과를 만들고 있다. 우울증은 믿고 기대하는 것에 대한 부작용이다. 우리가 그것을 통제할 수 없다고 생각하므로 변하지 않는 것이다. 하지만 우리가 통제할 수 있다고 생각하면 변화한다. 허버트 스피겔 박사의 말을 인용하면 "노세보 효과는 절망, 불신, 의심 및 혐오라는 조건이 최적일 때 발생할 수 있다."

약물의 부작용을 구글에 검색해본 적이 있다면 아마 먹지 않을 것이다. 나쁜 일이 일어날 수 있다고 생각하면 우리의 기대가 바뀐다. 그것은 마치 인터넷 검색에서 잘못될 수 있다는 것을 알고 그렇게 될 거라고 믿는 것과 같다. 하지만 반드시 그럴 필요는 없다.

앨런 긴즈버그가 상기시켜 주듯이 "모든 사람은 느끼고 싶어 하고, 사랑받고, 사랑하고 싶어 하므로 모든 암울한 가면 아래에는 피할 수 없는 희망이 있다."[133]

습관 전문가는 우리가 달성하고자 하는 것, 목표에 도달하는 수단 또는 자신에 관한 생각을 바꾸기 위한 목표를 설정할 수 있다고 말한다. 제임스 클리어James Clear는《아주 작은 습관의 힘》에서[134] "습관은 자기계발의 복리"라고 설명한다. 물론 좋은 습관이라면 말이다.

하지만 부정적인 습관은 감정적 파산 계좌가 되는 셈이다. 생각과 행동의 습관이 어떻게 해서든 우리의 삶에 지대한 영향을 미친다는 것이다. 습관의 힘은 의도를 강화하는 능력에 있다. 긍정적인 사고 습관을 가지기 위해서는 높은 희망이 담긴 믿음이 필요하다. 당신에게 변화된 관점뿐만 아니라 그 관점을 향해 나아갈 수 있는 기술이 필요하다.

이제는 멈추지 마라

높은 희망을 품은 신념을 가지려면 우울증만큼이나 끈질기게 견뎌야 한다. 어떤 일이 벌어지고 있든 우울증은 항상 막후에서 미래에 대한 절망감을 느끼게 만들어 당신을 넘어뜨리려고 한다. 이러한 습관을 극복하려면 과거의 방해 요소에서 벗어나 현재에 몰입하고, 미래에 대한 긍정적인 기대를 가져야 한다.

브루스 립튼Bruce Lipton 박사는 다음과 같이 설명했다.[135] "당신이 자신의 생각에 책임이 있다는 것을 알게 되면 당신은 자신의 생각에 책임이 있는 것이다."

어떻게 시작할까? 우선 자신이 뭘 하고 있는지 매일 확인한다.

예를 들어 나는 아침에 눈을 뜨면 종종 전날 감사했던 일들을 떠올린다. 그러면 긍정적인 관점으로 그날 하루를 설정하고 긍정적인 것에 주의를 기울일 수 있다.

좋은 날은 달력에 표시하라

• • •

새로운 방법을 적용할 때마다 달력에 특별한 색상으로 표시한다. 예를 들어 운동이 우울한 기분과 싸우고 웰빙을 높이는 좋은 방법이라는 것을 발견하고 첫 번째 요가 수업을 들었다면 특별한 색상으로 적어두자.

이 전략은 사인펠드의 생산성 조언Seinfeld productivity hack에 기초한다. 코미디언인 제리 사인펠드는 농담을 하나씩 떠올릴 때마다 달력에 누가 봐도 알 수 있게 커다란 'X' 자 표시를 했다. 그의 목표는 시리즈를 계속하는 것이었고, 이것은 코미디언이 되기 위해 자신에게 하는 충고였다. 하루도 빼먹지 마라. 자, 이것은 내가 당신에게 하는 충고다.

시간이 지남에 따라 당신은 우울증을 막을 뿐만 아니라 삶의 만족도와 기쁨을 주는 많은 것들을 발견하게 될 것이다. 새로운 명상,

음식, 신체 활동, 창의적인 탐구, 긍정적인 개입, 사회활동 및 음악은 모두 희망을 느낄 수 있는 작은 본보기에 불과하다.

당신은 해냈다. 당신은 보다 나은 삶을 위해 당신의 삶을 바꿔나가고 있다. 나는 당신이 선택한 여정을 존중하며 앞으로 나아가는 데 도움이 되기를 바란다.

멈추지 마라.

희망이 일어나고 있다.

| 감사의 말 |

불확실한 희망에 관한 책을 쓰는 동안 많은 일들이 있었습니다. 당신이 배운 그대로, 이런 감정들은 희망에 불을 지피는 데 필요합니다. 또한 당신을 향한 지지와 영감을 불어넣고 지혜를 전해줄 사람들 역시 당신 곁에 있어야 합니다. 나는 어두운 고민을 끙끙 싸매고 친구와 가족, 그리고 동료들에게 갔습니다. 그들의 빛은 내게 길을 비춰주었습니다. 사랑하는 가족과 친구들이 나를 위해 해준 그 모든 것들을 이제 다른 이들을 위해 할 수 있기를 바랄 뿐입니다.

뉴하빙어 출판사 편집진들의 격려와 제안, 관심은 나의 글쓰기를 향상시켰고 나의 아이디어를 책으로 만들어주었습니다. 이 훌륭한 글의 수호자들에게 깊은 감사를 드립니다.

마틴 셀리그만의 필생의 업적과 세계적인 영향력은 과학자, 교육자, 기업가, 의료계 종사자, 코치, 치료사, 군대, 그리고 모든 곳에 있는 사람들의 상상력을 사로잡았습니다. 그의 날카로운 통찰력과 연구 감각, 그리고 개척 정신은 우리가 세상을 보는 방식을 변화시켰습니다.

마티와 함께 공부하고, 2012년부터 펜실베이니아 대학교 응용 긍정심리학 석사 과정에서 그의 조교로 일할 수 있었던 것은 큰 행운이었습니다. 그는 내가 상상할 수 없었던 방식으로 내 삶이나 직업적으로 성장할 수 있도록 길을 열어주었습니다. 마티, 말로 이루 다할 수 없을 정도로 감사드립니다.

펜실베이니아 대학교 응용긍정심리학 석사 프로그램의 교육 담당 교수이자 책임자인 제임스 파웰스키는 나의 멘토이며 늘 모범이 되는 분입니다. 나는 응용긍정심리학 프로그램에서 제임스가 이끄는 인문학 과정의 조교로 일을 도울 수 있는 행운을 갖게 되었습니다. 작가로서 지녀야 할 세부 사항에 관한 관심, 교사로서의 개방성, 의사 전달자로서의 품위는 내게 끊임없는 영감의 원천이었습니다.

응용긍정심리학 커뮤니티는 일반적인 학문 프로그램을 훨씬 뛰어넘는 것입니다. 나의 발전을 지속적으로 지지해주고 육성해준 강사와 동료 및 친구들과 함께할 수 있었기에 나는 더 나은 사람이 되었습니다.

이 분야에서 길을 닦는 데 등불이 되어주신 선도적인 분들은 라이언 니믹, 바버라 프레드릭슨, 밥 발더랜드, 스콧 배리 카우프만,

애덤 그랜트, 앤절라 더크워스, 탈 벤 샤하르, 주디 잘츠버그 레빅, 테이얍 라시드, 존 비즐리, 니나 가르시아, 밥과 재키 시로카, 그리고 앨런 쉴렉터입니다.

나는 특별히 컬럼비아 대학교 교육대학원의 영성심체연구소Spirituality Mind Body Institute, SMBI 창립자인 리사 밀러, 아카데미 책임자 겸 임상 교육 책임자인 오렐리 에이든, 프로그램 책임자 랜달 리처드슨, 강의실의 경험 교육에 대한 지속적인 격려와 지원과 관련하여 심리학과, 교육심리학과, 상담 및 임상학과에 많은 빛을 지고 있습니다. 이 책의 실천 방법은 상당수 강의실 경험을 엮어놓은 것으로, 학생들의 피드백은 많은 도움이 되었습니다. 특히 수업 중에 알게 된 찰리 제프 또한 참고문헌을 수집하는 데 많은 도움을 주었습니다.

마지막으로 저에게 가장 가까운 사람들이 있습니다. 조엘과 마릴린 모르고프스키는 소중한 친구들입니다. 희망의 원칙을 함께 실천하고 나누는 내 사랑이자 뮤즈인 안드레아 쥑스도 마찬가지입니다. 역동적이고 영감을 주는 딸 데본 토마술로와 사랑하는 사위 스펜서가 최근에 첫 손자 캘러핸 토머스 페트로를 안겨주었습니다. 손자를 품에 안고 다가올 모든 기대감을 느끼는 것은 정말 기쁜 일입니다. 내 손자가 이 책의 모든 내용을 표현해주고 있습니다.

'경이로움, 희망, 가능성이라는 꿈.'

서문

1   E. P. Torrance, "The importance of falling in love with 'something,'" *Creative Child & Adult Quarterly, 8*(2) (1983) 72–78.

2   A. Maslow, *Toward a Psychology of Being* (New York: D. Van Nostrand Company, 1968).

프롤로그

3   K. Sim, W. K. Lau, J. Sim, M. Y. Sum, and R. J. Baldessarini. "Prevention of Relapse and Recurrence in Adults with Major Depressive Disorder: Systematic Review and Meta-Analyses of Controlled Trials,"

The International Journal of Neuropsychopharmacology 19(2) (2015), https://dash.harvard. edu/bitstream/handle/1/26318628/4772815. (Recurrence rates are more than 85 percent within a decade of an index depressive episode, and average approximately 50 percent or more within six months of apparent clinical remission if the initially effective treatment was not continued.)

4   S. L. Burcusa and W. G. Iacono, "Risk for Recurrence in Depression," *Clinical Psychology Review* 27(8) (2007): 959–985, https://www.ncbi.nlm.nih.gov/pmc/articles/ PMC2169519/pdf/nihms34016.pdf. "At least 50 percent of those who recover from a first episode of depression have one or more additional episodes in their lifetime, and approximately 80 percent of those with a history of two episodes have another recurrence."

5   T. Rashid and M. P. Seligman, *Positive Psychotherapy: Clinician Manual* (Oxford University Press, 2018).

6   G. A. Fava and C. Ruini, "Development and Characteristics of a Well-Being Enhancing Psychotherapeutic Strategy: Well-Being Therapy," *Journal of Behavior Therapy and Experimental Psychiatry* 34 (2003): 45–63. (This article describes the main characteristics and technical features of a novel psychotherapeutic strategy, well-being therapy. This paper outlines the background of its development, structure, key concepts, and technical aspects.)

1장

7   M. E. P. Seligman, "Positive Psychology: A Personal History," *Annual Review of Clinical Psychology* 15(1) (2018): 23, http://www. annualreviews.org/doi/full/10.1146/annurev-clinpsy-050718-095653.

8   S. F. Maier and M. E. Seligman, "Learned Helplessness at Fifty: Insights from Neuroscience," *Psychological Review* 123(4) (2016): 349–367, https://www.ncbi.nlm.nih.gov/pcm/articles/PCM4920136/.

9   Ibid.

10   J. S. Cheavens, J. E. Heiy, D. B. Feldman, C. Benitez, and K. L. Rand, "Hope, Goals, and Pathways: Further Validating the Hope Scale with Observer Ratings," *The Journal of Positive Psychology* 14(4) (2019): 452–462.

11   B. L. Fredrickson, "Positive Emotions Broaden and Build," in *Advances in Experimental Social Psychology,* 47, ed. P. Devine and A. Plant (Burlington, MA: Academic Press, 2013): 1–53. (A review, comprehensive to date, of a fifteen-year research program on the broaden-and-build theory of positive emotions.)

12   K. Herth, "Abbreviated Instrument to Measure Hope: Development and Psychometric Evaluation," *Journal of Advanced Nursing* 17(10) (1992): 1251–1259. (The purpose of this research was to develop and evaluate psychometrically an abbreviated instrument to assess hope in adults in clinical settings.)

13   B. L. Fredrickson, "Positive Emotions Broaden and Build," in *Advances in Experimental Social Psychology*, 47, ed. P. Devine and A. Plant (Burlington, MA: Academic Press, 2013): 1–53.

14   C. J. Farran, K. A. Herth, and J. M. Popovich, *Hope and Hopelessness: Critical Clinical Constructs* (Thousand Oaks, CA: Sage Publications, Inc., 1995). (This book represents twenty-seven collective years of work in the area of hope and hopelessness, with a focus on the positive aspects of hope and its relationship to health.)

15   B. L. Fredrickson, "The Role of Positive Emotions in Positive Psychology: The Broaden-and-Build Theory of Positive Emotions," *The American Psychologist* 56(3) (2001): 218–226. (The broaden-and-build theory posits that experience of positive emotions broadens people's momentary thought–action repertoires, which in turn serves to build their enduring personal resources, ranging from physical and intellectual resources to social and psychological resources.)

16   A. Vaish, T. Grossmann, and A. Woodward. "Not All Emotions Are Created Equal: The Negativity Bias in Social-Emotional Development," *Psychological Bulletin* 134(3) (2008): 383–403.

(Across an array of psychological situations and tasks, adults display a negativity bias, or the propensity to attend to, learn from, and use negative information far more than positive information. The authors discuss ontogenetic mechanisms underlying the emergence of this bias and explore not only its evolutionary but also its developmental functions and consequences.)

17   S. F. Maier and M. E. Seligman, "Learned Helplessness at Fifty: Insights from Neuroscience," *Psychological Review* 123(4) (2016): 349–367.

18   M. E. P. Seligman, *Learned Optimism: How to Change Your Mind and Your Life* (New York: Vintage Books, 2006).

19   T. Rashid, "Positive Psychotherapy: A Strength-Based Approach," *The Journal of Positive Psychology* 10(1) (2015): 25–40.

20   K. A. Herth, "Development and Implementation of a Hope Intervention Program," *Oncology Nursing Forum* 28(6) (2001): 1009–1016. (This article describes the development and evaluation of the Hope Intervention Program, or HIP, designed to enhance hope, based on the Hope Process Framework.)

21   C. Feudner, "Hope and the Prospects of Healing at the End of Life," *The Journal of Alternative and Complementary Medicine* 11(1) (2005): 23–30. (This paper considers possible interventions and how they might be evaluated, seeking to improve the prospects of healing at the end of life.)

22   A. Duckworth, *Grit: The Power of Passion and Perseverance* (New York: Scribner, 2016), 169.

23   B. L. Fredrickson, "The Role of Positive Emotions in Positive Psychology: The Broaden-and-Build Theory of Positive Emotions," *The American Psychologist* 56(3) (2001): 218–226.

24   B. Fredrickson, *Positivity: Top-Notch Research Reveals the 3 to 1 Ratio that Will Change Your Life* (New York: Harmony Books, 2009).

25   This was the premise of my play, *Negatively Oriented Therapy* (NOT).

26   S. Nolen-Hoeksema, B. E. Wisco, and S. Lyubomirsky, "Rethinking Rumination," *Perspectives on Psychological Science* 3(5) (2008): 400–424.

27   P. Zimbardo and J. Boyd, *The Time Paradox: The New Psychology of Time That Will Change Your Life* (New York: Simon and Schuster, 2008): 62.

28   E. Livni, "A Nobel Prize-Winning Psychologist Says Most People Don't Really Want to Be Happy," *Quartz*, December 21, 2018, https://qz.com/1503207/a-nobel-prize-winning-psychologist-defines-happiness-versus-satisfaction/.

29   S. C. Cramer, M. Sur, B. H. Dobkin, C. O'Brien, T. D. Sanger, J. Q. Trojanowski, et al., "Harnessing Neuroplasticity for Clinical Applications," *Brain* 134(6) (2011): 1591–1609.

30   P. Kini, J. Wong, S. McInnis, N. Gabana, and J. Brown, "The Effects of Gratitude Expression on Neural Activity," *NeuroImage* 128(2016): 1–10. (The study found that a simple gratitude writing intervention was associated with significantly greater and lasting neural sensitivity to gratitude—subjects who participated in gratitude letter writing showed both behavioral increases in gratitude and significantly greater neural modulation by gratitude in the medial prefrontal cortex three months later.)

31   A. M. Wood, J. Maltby, R. Gillett, P. A. Linley, and S. Joseph, "The Role of Gratitude in the Development of Social Support, Stress, and Depression: Two Longitudinal Studies," *Journal of Research in Personality* 42(4) (2008): 854–871. (Overall gratitude seems to directly foster social support and to protect people from stress and depression, which has implications for clinical interventions.)

32   C. S. Dweck, *Mindset: The New Psychology of Success* (New York: Random House, 2006).

33   T. Lomas, J. J. Froh, R. A. Emmons, A. Mishra, and G. Bono, *The Wiley Blackwell Handbook of Positive Psychological Interventions* (Hoboken, NJ: Wiley-Blackwell, 2014), 1.

34   M. E. P. Seligman, *Learned Optimism: How to Change Your Mind and Your Life* (New York: Vintage Books, 2006).

35   M. E. Seligman, T. A. Steen, N. Park, and C. Peterson, "Positive Psychology Progress: Empirical Validation of Interventions," *American Psychologist* 60(5) (2005): 410.

36   A. M. Grant and F. Gino, "A Little Thanks Goes a Long Way: Explaining Why Gratitude Expressions Motivate Prosocial Behavior," *Journal of Personality and Social Psychology* 98(6) (2010): 946–955.
(The authors propose that gratitude expressions can enhance prosocial behavior through both agentic and communal mechanisms, such that when helpers are thanked for their efforts they experience stronger feelings of self-efficacy and social worth, which motivate them to engage in prosocial behavior.)

2장

37   C. S. Dweck, Mindset: *The New Psychology of Success* (New York: Random House, 2006).

38   M. L. Peters, I. K. Flink, K. Boersma, and S. J. Linton, "Manipulating Optimism: Can

Imagining a Best Possible Self Be Used to Increase Positive Future Expectancies?," *The Journal of Positive Psychology* 5(3) (2010): 204–211. (Participants in the positive future thinking condition wrote about their best possible self, or BPS, for fifteen minutes, followed by five minutes of mental imagery. The results indicate that imagining a positive future can indeed increase expectancies for a positive future.)

39   W. Cohen, *Drucker on Leadership: New Lessons from the Father of Modern Management* (San Francisco: Jossey-Bass, 2010): 4.

40   H. D. Thoreau, *Walden*, (New York: Thomas Crowell, 1910): 427.

41   M. L. Peters, Y. M. Meevissen, and M. M. Hanssen, "Specificity of the Best Possible Self Intervention for Increasing Optimism: Comparison with a Gratitude Intervention," *Terapia Psicológica*, 1(1) (2013): 93–100, https://scielo.conicyt.cl/pdf/terpsicol/v31n1/art09.pdf. (The present study compared the effects of a one-week best-possible-self intervention and a one-week gratitude intervention on life satisfaction and optimism. The BPS exercise for three to five minutes led to significant increase in optimism and life satisfaction, above gratitude.)

42   P. M. Loveday, G. P. Lovell, and C. M. Jones, "The Best Possible Selves Intervention: A Review of the Literature to Evaluate Efficacy and Guide Future Research," *Journal of Happiness Studies* 19(2) (2018): 607–628. (Since its inception in 2001, the BPS, activity has been the focus of more than thirty studies, which have shown it to be a viable intervention for increasing optimism, positive affect, health, and well-being. This article critically reviews the findings from the BPS literature and suggests directions for future research.)

43   T. Bipp, A. Kleingeld, H. van Mierlo, and W. Kunde, "The Effect of Subconscious Performance Goals on Academic Performance," *The Journal of Experimental Education* 85(3) (2017): 469–485.

44   "Cogito, ergo sum," *Wikipedia*, last modified November 27, 2019, https://en.wikipedia.org/wiki/Cogito,_ergo_sum.

45   Landy, R. J. (1996). *Persona and performance: The meaning of role in drama, therapy, and everyday life.* Guilford Press.

46   Kok, B. E., Coffey, K. A., Cohn, M. A., Catalino, L. I., Vacharkulksemsuk, T., Algoe, S. B., & Fredrickson, B. L. (2013). How positive emotions build physical health: Perceived positive social connections account for the upward spiral between positive emotions and vagal tone. *Psychological science,* 24(7), 1123-1132.

47   B. E. Kok, K. A. Coffey, M. A. Cohn, L. I. Catalino, T. Vacharkulksemsuk, S. B.

Algoe, M. Brantley, and B. L. Fredrickson, "How Positive Emotions Build Physical Health: Perceived Positive Social Connections Account for the Upward Spiral Between Positive Emotions and Vagal Tone," *Psychological Science* 24(7) (2013): 1123–1132. (The authors hypothesize that an upward-spiral dynamic continually reinforces the tie between positive emotions and physical health, and that this spiral is mediated by people's perceptions of their positive social connections. This experimental evidence identifies one mechanism—perceptions of social connections—through which positive emotions build physical health, indexed as vagal tone.)

48   Ibid.

3장

49   G. L. Paul, "The Production of Blisters by Hypnotic Suggestion: Another Look," *Psychosomatic Medicine* 25(3) (1963): 233–244.

50   D. G. Hammond, "Integrating Clinical Hypnosis and Neurofeedback," *American Journal of Clinical Hypnosis* 61(4) (2019), 302–321.

51   V. E. Frankl, The Harvard Lectures, 1961, archive reference 19612, (vienna: Viktor Frankl Archives).

52   K. W. Brown and R. M. Ryan, "The Benefits of Being Present: Mindfulness and its Role in Psychological Well-Being," *Journal of Personality and Social Psychology* 84(4) (2003): 822–848. (An experience-sampling study shows that both dispositional and state mindfulness predict self-regulated behavior and positive emotional states. Finally, a clinical intervention study with cancer patients demonstrates that increases in mindfulness over time relate to declines in mood disturbance and stress.)

53   E. R. Tomlinson, O. Yousaf, A. D. Vittersø, and L. Jones, "Dispositional Mindfulness and Psychological Health: A Systematic Review," *Mindfulness* 9(1) (2018): 23–43. (Three main themes emerged, depicting the relationship between DM and psychological health: 1. DM appears to be inversely related to psychopathological symptoms, such as depressive symptoms; 2. DM is positively linked to adaptive cognitive processes, such as less rumination and pain catastrophizing; and 3. DM appears to be associated with better emotional processing and regulation.)

54   M. J. Murphy, L. C. Mermelstein, K. M. Edwards, and C. A. Gidycz, "The Benefits of Dispositional Mindfulness in Physical Health: A Longitudinal Study of Female College Students," *Journal of American College Health* 60(5) (2012): 341–348. (This article examines the

relationship between DM, health behaviors—such as sleep, eating, and exercise—and physical health.)

55   M. K. Rasmussen and A. M. Pidgeon, "The Direct and Indirect Benefits of Dispositional Mindfulness on Self-Esteem and Social Anxiety," *Anxiety, Stress, & Coping* 24(2) (2011): 227–233. (The current study investigated relationships between dispositional mindfulness, self-esteem, and social anxiety, using self-report measures.)

56   J. Kabat-Zinn, *Wherever You Go, There You Are: Mindfulness Meditation in Everyday Life* (Hachette Books: 2005): 4.

57   A. Ginsberg, *Cosmopolitan Greetings*: Poems 1986–1992 (New York: HarperCollins, 1995).

58   T. Rashid and M. P. Seligman, *Positive Psychotherapy: Clinician Manual* (Oxford University Press, 2018).

4장

59   Robert M. Sapolsky, *Why Zebras Don't Get Ulcers* (New York: Henry Holt and Co, 2004).

60   B. L. Fredrickson, *Positivity: Top-Notch Research Reveals the 3 to 1 Ratio that Will Change Your Life* (New York: Harmony Books, 2009).

61   S. F. Maier and M. E. P. Seligman, "Learned Helplessness at Fifty: Insights from Neuroscience," *Psychological Review* 123(4) (2016): 349–367.

62   M. E. P. Seligman, *Learned Optimism: How to Change Your Mind and Your Life* (New York: Vintage Books, 2006).

63   I. D. Yalom and M. Leszcz, *The Theory and Practice of Group Psychotherapy, Fifth Edition* (New York: Basic Books, 2005): 4.

64   C. R. Snyder, A. B. LaPointe, J. Jeffrey Crowson, and S. Early, "Preferences of High- and Low-Hope People for Self-Referential Input," *Cognition & Emotion* 12(6) (1998): 807–823.

65   S. J. Lopez, *Making Hope Happen: Create the Future You Want for Yourself and Others* (New York: Simon and Schuster, 2013).

66   K. D. Neff, K. L. Kirkpatrick, and S. S. Rude, "Self-Compassion and Adaptive Psychological Functioning," *Journal of Research in Personality* 41(1) (2007): 139–154.

67   Yang, Y., Zhang, M., & Kou, Y. (2016). Self-compassion and life satisfaction: The mediating role of hope. *Personality and Individual Differences, 98,* 91-95.

68   L. Shapiro, *Embodied Cognition,* 2nd Edition (New York: Routledge, 2019). (Embodied cognition is a recent development in psychology that practitioners often present as superseding standard cognitive science. Lawrence Shapiro sets out the central themes and debates surrounding embodied cognition, explaining and assessing the work of many of the key figures in the field.)

69   Glenberg, A. M., Havas, D., Becker, R., & Rinck, M. (2005). Grounding language in bodily states. *Grounding cognition: The role of perception and action in memory, language, and thinking,* 115-128.

70   R. Wiseman, *The As If Principle: The Radically New Approach to Changing Your Life* (New York: Simon and Schuster, 2014). (The as-if principle offers real, workable solutions for your day-to-day goals while helping you to instantly take control of your emotions.)

71   E. J. Langer, *Counterclockwise: Mindful Health and the Power of Possibility* (New York: Ballantine Books, 2009).

72   M. M. Tugade, and B. L. Fredrickson, "Regulation of Positive Emotions: Emotion Regulation Strategies That Promote Resilience," *Journal of Happiness Studies* 8(3) (2007): 311–333.

73   I. W. Hung and A. A. Labroo, "From Firm Muscles to Firm Willpower: Understanding the Role of Embodied Cognition in Self-Regulation," *Journal of Consumer Research* 37(6) (2011): 1046–1064, https://www.jstor.org/stable/10.1086/657240?seq=1#metadata_info_tab_ contents.

74   J. C. Bays, *How to Train a Wild Elephant: And Other Adventures in Mindfulness* (Boulder, CO: Shambhala Publications, 2011).

75   B. Tracy, *Eat that Frog!: 21 Great Ways to Stop Procrastinating and Get More Done in Less Time* (San Francisco: Berrett-Koehler Publishers, 2007).

76   R. Friedman and A. J. Elliot, "The Effect of Arm Crossing on Persistence and Performance," *European Journal of Social Psychology* 38(3) (2008): 449–461.

77   D. R. Carney, A. J. Cuddy, and A. J. Yap, "Power Posing: Brief Nonverbal Displays Affect Neuroendocrine Levels and Risk Tolerance," *Psychological Science* 21(10) (2010): 1363–1368.

78   J. M. Ackerman, C. C. Nocera, and J. A. Bargh, "Incidental Haptic Sensations Influence Social Judgments and Decisions," *Science* 328(5986) (2010): 1712–1715, https://www. ncbi.nlm.nih.gov/pmc/articles/PMC 3005631/.

79   C. B. Zhong and K. Liljenquist, "Washing Away Your Sins: Threatened Morality and Physical Cleansing," *Science* 313(5792) (2006): 1451–1452.

80   K. W. Brown, R. M. Ryan, and J. D. Creswell, "Mindfulness: Theoretical Foundations and Evidence for Its Salutary Effects," *Psychological Inquiry* 18(4) (2007): 211–237.

81   J. Haidt, "The Positive Emotion of Elevation," *Prevention & Treatment* 3(1) (March 2000), faculty.virginia.edu/haidtlab/articles/haidt .2000.the-positive-emotion-of-elevation. pub020.pdf.

5장

82   "Uruguayan Air Force Flight 571," *Wikipedia,* last modified December 2, 2019, https://en.wikipedia.org/wiki/Uruguayan_Air_Force _Flight_571.

83   Gillham, J., Reivich, K., and Seligman, M., [listed as investigators], "Resilience in Children: The Penn Resilience Program for Middle School Students," University of Pennsylvania, Positive Psychology Center, https://ppc.sas.upenn.edu/research/resilience-children.

84   University of Pennsylvania, Positive Psychology Center, "Resilience Training for the Army," https://ppc.sas.upenn.edu/services/resilience-training-army.

85   C. Peterson and M. E. Seligman, *Character Strengths and Virtues: A Handbook and Classification* 1 (Oxford University Press, 2004).

86   VIA Institute on Character, "Character Strengths," www.via character.org/character-strengths-via.

87   P. Freidlin, H. Littman-Ovadia, and R. M. Niemiec, "Positive Psychopathology: Social Anxiety Via Character Strengths Underuse and Overuse," *Personality and Individual Differences* 108(2017): 50–54.

88   Ibid.

89   R. Niemiec, "The Overuse of Strengths: 10 Principles," *PsycCRITIQUES* 59(33): (2014), https://psqtest.typepad.com/blogPost PDFs/TheOveruseOfStrengths_8-18-2014.pdf.

90   B. Springsteen, *Born to Run* (New York: Simon and Schuster, 2017).

6장

91   C. J. Farran, K. A. Herth, and J. M. Popovich, *Hope and Hopelessness: Critical Clinical Constructs* (Thousand Oaks, CA: Sage Publications, Inc., 1995).

92   W. Kuyken, F. C. Warren, R. S. Taylor, B. Whalley, C. Crane, G. Bondolfi, et al., "Ef-

ficacy of Mindfulness-Based Cognitive Therapy in Prevention of Depressive Relapse: An Individual Patient Data Meta-Analysis from Randomized Trials," *JAMA Psychiatry* 73(6) (2016): 565–574.

93   L. Liu, Z. Gou, and J. Zuo, "Social Support Mediates Loneliness and Depression in Elderly People," *Journal of Health Psychology* 21(5) (2016): 750–758.

94   K. B. Lawlor, "Smart Goals: How the Application of Smart Goals Can Contribute to Achievement of Student Learning Outcomes," in *Developments in Business Simulation and Experiential Learning: Proceedings of the Annual ABSEL Conference* 39 (2012), https://absel-ojs-ttu.org/absel/index.php/absel/article/view/90/86.

95   K. Reivich and A. Shatté, *The Resilience Factor: 7 Essential Skills for Overcoming Life's Inevitable Obstacles* (New York: Broadway Books, 2002).

96   J. M. Grohol, "15 Common Cognitive Distortions," PsychCentral, last updated June 24, 2019, https://psychcentral.com/lib/15-common-cognitive-distortions/.

97   E. Weinstein, "Automatic Negative Thoughts: Got ANTS on the Brain?" last updated May 10, 2019, https://psychcentral.com/blog/automatic-negative-thoughts-got-ants-on-the-brain/.

98   Gillham, J., Reivich, K., and Seligman, M., [listed as investigators], "Resilience in Children: The Penn Resilience Program for Middle School Students," University of Pennsylvania, Positive Psychology Center, https://ppc.sas.upenn.edu/research/resilience-children.

99   Trustees of the University of Pennsylvania, Positive Psychology Center, "Resilience Training for the Army," https://ppc.sas.upenn.edu/services/resilience-training-army.

100   K. McGonigal, "How to make stress your friend," TEDGlobal 2013, https://www.ted.com/talks/kelly_mcgonigal_how_to_make_stress_your_friend.

101   K. McGonigal, *The Upside of Stress: Why Stress Is Good for You, and How to Get Good at It* (New York: Penguin, 2016).

7장

102   Emily Esfahani Smith, *The Power of Meaning: Crafting a Life that Matters* (New York: Random House, 2017).

103   A. Duckworth, *Grit: The Power of Passion and Perseverance* (New York: Scribner, 2016).

104   C. Schiller, "The As If Principle: Richard Wiseman Shows How Faking It Actually

Helps You Make It," *Blinklist Magazine,* December 7, 2014, https://www.blinkist.com/maga-zine/posts/principle-richard-wiseman-shows-faking-actually-helps-make?utm_source=cpp.

105   K. M. Krpan, E. Kross, M. G. Berman, P. J. Deldin, M. K. Askren, and J. Jonides, "An Everyday Activity as a Treatment for Depression: The Benefits of Expressive Writing for People Diagnosed with Major Depressive Disorder," *Journal of Affective Disorders* 150(3) (2013): 1148–1151.

106   C. E. Ackerman, "83 Benefits of Journaling for Depression, Anxiety, and Stress," November 20, 2019, PositivePsychology.com, https://positivepsychology.com/benefits-of-journaling/.

107   K. M. Robinson, "How Writing in a Journal Helps Manage Depression," WebMD, December 4, 2017, https://www.webmd.com/depression/features/writing-your-way-out-of-de-pression#1.

108   D. Tomasulo and A. Szucs, "The ACTing Cure: Evidence-Based Group Treatment for People With Intellectual Disabilities," *Dramatherapy,* 37(2–3) (2015): 100–115.

109   D. Tomasulo, *American Snake Pit: Hope, Grit, and Resilience in the Wake of Willow-brook* (Fairfax, VA: Stillhouse Press, 2018).

110   D. Tomasulo, "What Is Self-Compassion?" https://www.Dan Tomasulo.com.

111   Z. Moreno, foreword, in Robert Landry, *The Couch and the Stage: Integrating Words and Action in Psychotherapy* (New York: Jason Aronson, 2008), xi.

112   C. Lambert, "The Science of Happiness," *Harvard Magazine,* January–February 2007, https://www.harvardmagazine.com/2007/01/the-science-of-happiness.html.

113   A. Ginsberg, *Cosmopolitan Greetings* (New York: HarperCollins, 1995).

8장

114   J. Hari, *Lost Connections: Uncovering the Real Causes of Depression—And the Un-expected Solutions* (Bloomsbury Publishing plc, 2019).

115   L. Mineo, "Good Genes Are Nice, But Joy Is Better," *The Harvard Gazette,* April 11, 2017, https://news.harvard.edu/gazette /story/2017/04/over-nearly-80-years-harvard-study-has-been-showing-how-to-live-a-healthy-and-happy-life/.

116   R. Waldinger, "What Makes a Good Life? Lessons from the Longest Study on Happiness," TEDxBeaconStreet, November 2015, https://www.ted.com/talks/robert_waldinger_what_makes_a_good_life_lessons_from_the_longest_study_on_happiness?language=en.

117   S. Stossel, "What Makes Us Happy, Revisited," *The Atlantic,* May 2013, https://www.

theatlantic.com/magazine/archive/2013/05/thanks-mom/309287/.

118   D. J. Tomasulo, "The Virtual Gratitude Visit (VGV): Using Psychodrama and Role-Playing as a Positive Intervention," in *Positive Psychological Intervention Design and Protocols for Multi-Cultural Contexts* (New York: Springer, 2019): 405–413.

119   M. E. Seligman, T. A. Steen, N. Park, and C. Peterson, "Positive Psychology Progress: Empirical Validation of Interventions," *American Psychologist* 60(5) (2005): 410.

120   J. W. Koo, "Brain-Derived Neurotrophic Factor Is a Miracle Fertilizer for Our Brain?" *Atlas of Science,* June 22, 2016, https://atlasofscience.org/brain-derived-neurotrophic-factor-is-a-miracle-fertilizer-for-our-brain/.

121   S. Douglas, "Running from the Pain," *Slate,* March 12, 2018, https://slate.com/technology/2018/03/exercise-is-as-effective-as-antidepressants-for-many-cases-of-depression.html.

122   E. Jaffe, "The Psychological Study of Smiling," *APS Observer* 23(10) (2011), https://www.psychologicalscience.org/observer/the-psychological-study-of-smiling.

123   B. Fredrickson, *Love 2.0: How Our Supreme Emotion Affects Everything We Feel, Think, Do, and Become* (New York: Avery, 2013); "The Big Idea: Barbara Fredrickson on Love 2.0." The Daily Beast, July 12, 2017, https://www.thedailybeast.com/the-big-idea-barbara-fredrickson-on-love20.

124   S. Carnazzi, "Kintsugi: the Art of Precious Scars," *Lifegate,* date unknown, https://www.lifegate.com/people/lifestyle/kintsugi.

125   S. L. Gable, H. T. Reis, E. A. Impett, and E. R. Asher, "What Do You Do When Things Go Right?: The Intrapersonal and Interpersonal Benefits of Sharing Positive Events," *Journal of Personality and Social Psychology* 87(2) (2004): 228–245.

126   E. E. Smith, "Masters of Love," *The Atlantic,* June 12, 2014, https://www.theatlantic.com/health/archive/2014/06/happily-ever-after/372573/.

9장

127   "The Power of the Placebo Effect," Harvard Health Publishing, May 2017, last updated August 9, 2019, https://www.health.harvard.edu/mental-health/the-power-of-the-placebo-effect.

128   M. Talbot, "The Placebo Prescription," *The New York Times Magazine,* January 9, 2000, https://www.nytimes.com/2000/01/09/magazine/the-placebo-prescription.html.

129   T. Rashid and M. P. Seligman, *Positive Psychotherapy: Clinician Manual* (Oxford

University Press, 2018).

130   J. Dispenza, *You Are the Placebo: Making Your Mind Matter* (Carlsbad, CA: Hay House, Inc., 2014).

131   P. Enck and W. Häuser, "Beware the Nocebo Effect," *The New York Times,* August 10, 2012, https://www.nytimes.com/2012/08/12/opinion/sunday/beware-the-nocebo-effect.html.

132   L. Colloca and F. G. Miller, "The Nocebo Effect and Its Relevance for Clinical Practice," *Psychosomatic Medicine* 73(7) (2011): 598–603.

133   A. Ginsberg, *Spontaneous Mind: Selected Interviews, 1958–1996* (New York: Harper Collins, 2002), 15.

134   J. Clear, *Atomic Habits: An Easy and Proven Way to Build Good Habits and Break Bad Ones* (New York: Avery, 2018), 28.

135   B. H. Lipton, *The Biology of Belief 10th Anniversary Edition: Unleashing the Power of Consciousness, Matter & Miracles* (Carlsbad, CA: Hay House, 2015).

울퉁불퉁한 삶의 길목에서 희망을 배우다

조금 멀리서
마음의 안부를 묻다

ⓒ 밀리언서재, 2020

초판 1쇄 인쇄 2021년 1월 5일
초판 1쇄 발행 2021년 1월 10일

지은이 댄 토마술로
옮긴이 이현숙
펴낸이 정서윤
책임편집 추지영
디자인 정혜욱
마케팅 신용천

펴낸곳 밀리언서재
등록 2020. 3. 10 제2020-000064호
주소 서울시 마포구 동교로 75
전화 02-332-4337 **팩스** 02-3141-4347
전자우편 million0313@naver.com

ISBN 979-11-970511-5-9 03180
정가 15,000원

•이 책은 저작권법에 의하여 보호를 받는 저작물이므로 무단 전재와 복제를 금합니다.
•잘못된 책은 구입처에서 바꾸드립니다.

이 도서의 국립중앙도서관 출판예정도서목록(CIP)은 서지정보유통지원시스템 홈페이지(http://seoji.nl.go.kr)와
국가자료공동목록시스템(http://www.nl.go.kr/kolisnet)에서 이용하실 수 있습니다.(CIP제어번호 : 2020055398)